RÉUSSIR AVEC OU SANS LE BAC

PIERRE CHAVOT

RÉUSSIR AVEC OU SANS LE BAC

PETIT TRAITÉ DE PERSPECTIVES À L'USAGE DES JEUNES (ET DES MOINS JEUNES !)

Éditions
de La Martinière

Retrouvez-nous sur :
www.editionsdelamartiniere.fr
facebook.com/editionsdelamartiniere

ISBN : 978-2-7324-7965-1

À Anna et Victor, mes enfants,
pour leur amour et leur patience.
À tous les jeunes, pour leur avenir.
Et à tous les parents.

Sommaire

Préambule

« J'étais un cancre, j'allais à l'école, une vraie petite classe unique digne du XIXe siècle, tenue par un instituteur avec une raie au milieu du crâne aussi droite que la règle dont il usait pour nous taper sur les doigts. Il ne laissait rien au hasard et dessinait à la plume, sur mes cahiers, des zéros d'un graphisme impeccable. [...] Je n'avais pas eu mon bac. Aucun moule, aucune école n'avait su faire quelque chose de moi. Je n'avais été bien que sur d'autres planètes. [...] Il m'avait fallu ces extrêmes pour deviner d'autres vies possibles, loin des courants dominants où je vivais noyé. »

Gérard GAROUSTE, avec Judith PERRIGNON,
L'Intranquille. Autoportrait d'un fils, d'un peintre, d'un fou, L'Iconoclaste, 2009.

C'est en juin 2014. Je suis dans le bureau d'une responsable d'école supérieure. On papote. Un homme toque à la porte. Poli, bien habillé, il dépose un curriculum vitae, pour répondre à un recrutement. C'est respectueux, motivé, et plutôt courageux. Dès qu'il est parti, mon interlocutrice se crispe. La bouche pincée, comme si on l'avait torturée pour sourire, elle sort : « *Impossible, tu vouaaasss. Il nous faut un bac plusssss 5 et il n'a qu'unnnnn bac + 3.* » Ah, mince ! Elle n'a peut-être même pas ce « niveau » d'études ? Peu importe : dans quel monde on vit ? Remarquez, sa réaction ne m'étonne pas. Un jour, quand je lui ai dit que je faisais du rugby depuis longtemps – jusqu'en mai 2015 au passage –, elle a déjà sorti un : « *Ah boonnn, toi ?* », avec des yeux de carpe, où se lisait tout le mépris pour un sport de brutes épaisses, forcément ignares, primaires. Et une sorte de sidération : Chavot ne « collait » pas. Eh oui, c'est un « intello », un « prof », qui a pondu deux ou trois bricoles écrites, qui n'a pas l'allure d'un mâle surpuissant, qui s'exprime en français correct (enfin j'espère), qui vouvoie les étudiant(e)s, par respect, qui porte toujours une veste et une chemise repassée, par respect. Ah... nous voilà bien ! On ne force surtout personne à aimer le rugby, un sport génial, mais si elle connaissait ne serait-ce que Jean-Pierre Rives, ancien troisième ligne de légende, aujourd'hui sculpteur, elle saurait pourquoi on adore pratiquer ce sport. Il faut être « spécial » pour courir après un ballon ovale, non ? Se rouler dans la boue, combattre, faire corps, sentir l'herbe et l'huile camphrée, boire des coups, en prendre et en donner, manger des morceaux, rire, raconter des c... et j'en passe. Mais pour ça, il faut un brin d'ouverture et d'intérêt, qui, quand on est dans le préjugé, ont du mal à cohabiter avec ce besoin maladif de mettre des étiquettes partout. Cette dame fait donc partie d'un système dépassé, d'un grand magasin d'étiquettes autocollantes, rempli de gens qui se regardent, s'observent, et se classent les uns les autres dans des catégories. Oui, il FAUT absolument que ça rentre. Alors puisque j'enseigne, que j'ai dépassé la cinquantaine, je suis forcément triste, sérieux, bedonnant, rasoir, pontifiant, dénué d'humour, chiant, un éteignoir pour vieux en quête de sensations fortes. Eh bien non, désolé !

Bref, revenons au visiteur et son curriculum vitae. Il n'entre pas non plus dans la case. Si ça se trouve, il a les qualités demandées ; il suffisait de l'écouter cinq minutes, d'avoir un chouïa de considération, de curiosité. En tout cas, le poste n'a jamais été pourvu... Tout ça, pour ça. Et cette réflexion prend tout son sens : le diplôme est devenu au fil du temps la référence absolue. Tout, ou presque, passe par ce miracle sur papier. Bien sûr, le diplôme est respectable. La société en a besoin. Tant mieux. On voit mal un médecin, un électricien, un ingénieur sans une formation. Ce livre ne cherche donc pas à combattre le diplôme ou à l'éliminer. Il dénonce le fait qu'il est devenu une dictature et une usine d'étiquettes qui divisent la société. En voici deux autres exemples parmi d'autres.

Puisque j'ai tendance à radoter depuis l'enfance, ce qui fait rire mes enfants, forcément les plus beaux du monde, et les étudiants, je raconte souvent cette histoire. Au lycée, j'avais un copain brillantissime. Pendant que j'étais dans le bas du classement, bien au chaud, ce cador caracolait en tête dans presque toutes les matières, sauf là où je me débrouillais bien : sport, musique, arts plastiques, facultatifs d'ailleurs. Curieusement, on s'entendait très bien, à condition qu'il ait toujours raison... Il a suivi la voie « royale » : classes prépa, normalien, agrégé, énarque. En 2008, on s'est retrouvés grâce à la Toile. Rendez-vous à Paris, dans un café. Il me bombarde de : « J'arrive » par textos, et entre avec une heure de retard (!). Quand il me demande enfin ce que je fais, il me submerge de conseils – c'est normal, il est conseiller d'une ministre. Et à la remarque : *« Ah tiens, bidule est devenu ambassadeur dans tel pays, pas mal* », il répond avec une moue : « *J'ai toujours été meilleur que lui.* » On ne s'est jamais revus. Second exemple : en 2002, Pierre, une relation très sympa dans l'édition, nous obtient un rendez-vous chez un éditeur connu, à qui il a proposé mon projet de *Dictionnaire de Dieu*, un chef-d'œuvre bien sûr. Le « spécialiste » des religions qui nous reçoit essaie de me piéger par des questions perfides. Passons. Mais quand il finit par demander quelle est ma légitimité à écrire un tel livre (j'en ai sorti vingt), Pierre se crispe, prêt à l'étrangler. Je souris. Qu'est-ce que vous voulez répondre à une telle question ? Excepté : « *La même que vous auriez à le publier.* » Il n'a pas aimé. Tant mieux, puisque le livre a été édité, par La Martinière d'ailleurs, dont l'accord fut immédiat.

Si j'avais un bac + 20 en histoire des religions, un permis poids lourds, un pedigree de cheval de course et un doctorat en psychiatrie, ils auraient eu une autre attitude. C'est évident, et révélateur : en France, le diplôme est devenu le grand passeport de la légitimité, de la « réussite », donc de la reconnaissance. Il passe avant les individus ! Or, ce système a créé une « diplômatocratie » qui, par une sorte de magie « bien de chez nous », a produit des concentrés de certitudes, et laisse de moins en moins de place aux « autres », très, peu ou pas diplômés. Mieux, ces « élites » (un mot horrible et blessant) occupent massivement les postes clés, ont un grand pouvoir et entretiennent un modèle féroce – comme toujours, il existe des exceptions. Il faut être le meilleur, *winner* et *killer*. Dans cette recherche de performance, de compétitivité, on forme beaucoup de cannibales affamés, et du *burn-out* que nos parlementaires ont d'ailleurs bien du mal à reconnaître comme une maladie professionnelle.

Alors que tout est au contraire une affaire de proportions, d'équilibre, de justice, la réalité est donc là, frustrante, parfois cruelle, et vécue par beaucoup. Si vous n'êtes pas diplômé(e) du cursus machin ou de l'école truc, grande de préférence, vous ne serez pas « machin » ou « truc ». Encore moins accepté(e) plus tard par les réseaux qui vont avec, alors que vous avez une foule d'idées à proposer, à réaliser. Vous n'êtes pas du clan, d'autant plus si vous n'êtes pas né(e) dans un milieu favorable, toujours à des exceptions près. Mais la suprématie du diplôme n'est pas un vaccin contre l'illégitimité, la c... et l'incompétence. Ni un gage d'épanouissement, de bien-être, individuels et collectifs. Ça se saurait ! Puisque nous serions dans une situation différente...

Pourtant, nous avons la chance de vivre dans un pays aux ressources géniales. Nous y reviendrons.

D'accord, et que peuvent faire ceux qui, très largement majoritaires, sans le bac ou diplômés, n'entrent pas dans un de ces moules, alors qu'ils possèdent parfois des capacités équivalentes, voire supérieures ? Comment réussir dans une société qui ne le permet pas vraiment ? Que faire quand on n'a pas la bonne étiquette, l'âge qui convient ? Est-il possible de se construire un avenir autrement ? Tout dépend de ce qu'on entend par « réussite ». Peut-elle se résumer à ce système élitiste ? Bien sûr que non. Même sans diplôme, il est possible de réussir. Parce que nous avons tous des valeurs et que dans le monde à venir, les qualités, la singularité, les différences, les confrontations concourent aussi à la réussite en général. C'est-à-dire les « fondamentaux ». Ainsi, quand Jean-Pierre Vernant, grand résistant et professeur agrégé de philosophie, entre en 1948 au CNRS en tant que chercheur spécialisé dans la Grèce antique, le directeur, un *« chic type »*, dira-t-il, ne se fie pas à des diplômes, que M. Vernant n'a pas de toute façon. Il se fie à l'homme, qui deviendra l'un des plus éminents hellénistes, lui « *qui n'aimait pas rappeler ses titres* », souligne cette institution. Une histoire d'humains, donc. Éclairante, éternelle et d'actualité !

Car nous avons chacun rendez-vous avec notre histoire, personnelle et collective. Par exemple, Mark Zuckerberg : si sa copine ne l'avait pas plaqué en 2003, il n'aurait peut-être pas créé Facebook l'année suivante ! Nous restons donc en permanence les acteurs de notre devenir, pas les spectateurs, encore moins les victimes. Sur son compte Facebook, justement, une vraie amie a écrit ce commentaire approprié et positif, bien dans l'esprit de ce livre :

> “ *La vie est faite pour être vécue, tomber pour mieux se relever. Nous pouvons remercier le ciel pour les vœux qu'il n'accomplit pas. La vie a plus d'imagination que notre petit cerveau limité.* ”

La vie, et toutes les vies. Alors, que vous soyez jeune, adulte jeune, parent, il est encore possible, par exemple sans le bac, de vous épanouir, de vous « réussir » tout en contribuant à l'épanouissement et à la réussite des autres. C'est précisément ce que nous allons voir, en ouvrant des pistes. Nous allons nous raconter une histoire, mettre de côté les diplômes, et explorer le monde des possibles. Ensemble !

> “ *Car, comme la chance, la réussite n'est pas une recette. C'est avant tout un « état d'esprit ». Tout commence par l'école.* ”

Chapitre 1

Mémoires d'un cancre las

« Retrouvez ce sourire qui fit l'envie des voyageurs pendant des siècles, au "pays où Dieu est heureux". »

Bernard Maris, *Et si on aimait la France* (Grasset, 2015).

Un jour, ma fille me demande si j'ai été un bon élève. Soit vous mentez, et c'est crétin, soit vous dites la vérité, c'est mieux. Alors j'ai répondu : « *Non, pas comme on le définit. Disons que j'étais un "cancre fatigué", donc un "cancre las".* » Elle est partie dans un grand éclat de rire, qui résonne toujours dans mes oreilles de père attendri.

Si vous vous fiez aux critères du système scolaire, on ne peut donc pas dire que, enfant et adolescent, j'étais « sorti de la cuisse de Jupiter ». À Paris, pendant mon CM2, un instit à l'ancienne, qui fumait devant nous des brunes infectes, taxait ainsi les « mauvais » élèves de notre classe. Avec un sourire presque sadique, il ajoutait : « *Tu finiras balayeur ou boueux (éboueur).* » La honte absolue ! Il n'avait pas mauvais esprit. Il était juste conformiste, et répétait chaque année les mêmes dictons, les mêmes exercices et les mêmes gestes. Sa réflexion était blessante. Et longtemps je me suis demandé ce qu'il entendait par « tu n'es pas sorti de la cuisse de Jupiter », puisqu'il n'avait pas daigné nous l'expliquer[1]. Un jour, j'ai trouvé : ne pas sortir de cette cuisse musclée signifiait que l'on était bête, simplet, inapte à l'héritage d'une lignée prestigieuse, celle de l'intelligence de la France éternelle. Et donc le crétin des Alpes, un raté, au ban de la société, tout juste bon à des métiers manuels, inconcevables dans la bourgeoisie, petite ou grande.

En réalité, les cours magistraux classiques ne convenaient qu'à ceux que les critères de la scolarité, toujours actuels et amplifiés, définissent comme les « meilleurs ». Je faisais partie de ceux qui, nombreux, sont allergiques au régime scolaire, aux moules, aux formatages, aux calibrages, aux étiquettes. Qui s'ennuient alors qu'ils ont besoin d'être guidés, motivés. Qu'ils soient ou non « précoces », enfants pour qui ce n'est pas toujours facile, ils ne sont ni au-dessus ni au-dessous du lot. Ce n'est jamais une affaire de valeur. C'est une affaire d'adéquation.

1. Avant de naître, Dionysos (le Bacchus romain), dieu du Vin, passe la plupart des neuf mois de sa gestation dans une cuisse de son père Zeus (Jupiter), qui a foudroyé sa mère, laquelle lui a demandé de le voir dans toute l'étendue de sa puissance. C'est-à-dire la foudre ! Quelle idée. Zeus a tout juste eu le temps de récupérer l'embryon avant qu'il ne soit réduit en poussière.

LES CHAGRINS DU CANCRE LAS

Les réalités de la cancrerie sont si bien décrites par Daniel Pennac, dans son livre *Chagrin d'école* (Gallimard, 2007). Lui, cancre jugé incurable, devenu professeur et le grand écrivain que l'on connaît... Voir également Anne Blanchard, Serge Bloch et Jean-Bernard Pouy, *L'Encyclopédie des cancres, des rebelles et autres génies*, Gallimard Jeunesse, 2006. Voici une étude, longue et fouillée : Bertrand Bergier et Ginette Francequin, *La Revanche scolaire. Des élèves multiredoublants, relégués, devenus superdiplômés*, Érès, coll. « Sociologie clinique », 2011, Toulouse. La Toile regorge aussi d'informations sur la cancrerie, bien sûr, son mécanisme, les remèdes, etc.

Vive le plaisir !

Je vous vois venir : « *Il est bien gentil, et comment il a fait pour en sortir ?* » Je ne suis pas le seul, heureusement. Eh bien la réponse tient d'abord en trois mesures principales.

- Première mesure : comprendre ses blessures d'école, pendant ou après.

C'est-à-dire le regard, parfois cruel et stigmatisant, de l'enseignant(e) sur le cancre, une position très difficile à tenir, parce qu'elle vous condamne d'emblée aux yeux des autres, vous catalogue, vous confronte à une réputation, à la déconsidération, aux apitoiements, aux préjugés ou aux brimades. Parce qu'on vous trouve forcément idiot(e), même dans votre entourage proche. Ce statut, on ne le dit jamais assez, mérite pourtant une reconnaissance. Parce qu'il demande un gros travail, déjà pour contourner les règles, ensuite pour s'adapter en permanence. Et parce que vous vivez de grands moments de solitude et d'injustice, très formateurs. Un exemple. En quatrième, la professeure de français nous donne un sujet libre de rédaction à faire pendant les vacances de Pâques. Penché à la fenêtre de l'étage de notre petite maison de campagne en Vendée, je fais le vide, et me lance dans une allégorie de... la trompette ! Au retour, la prof sadique rend son verdict : « *Chavot, meilleure note. Impossible, tu n'as pas pu l'écrire toi-même. Je garde la copie.* » Vlan ! Comment voulez-vous prendre confiance ? Ce jour-là, je me suis dit : le système ne m'humiliera plus jamais !

• **Deuxième mesure, qui découle de la première : prendre les commentaires scolaires pour ce qu'ils sont, c'est-à-dire un système d'évaluation qui ne reflète pas la valeur d'un individu.**

Vous savez, les « passe son temps à le perdre », « peut mieux faire », « une certaine idée du vide sidéral » qui concentrent le jugement, voire le rejet, de l'institution. Ils sont marqués dans le carnet de notes, les bulletins – je n'ai pas gardé les miens. On devrait en faire un florilège, le joli mot français pour l'affreux *best of*. À Winston Churchill, par exemple, il était écrit que *« ses résultats scolaires sont une insulte à l'intelligence »*, pendant que John Lennon passait *« son temps à inventer des remarques spirituelles »*. À 14 ans, André Malraux avait enfin son... certificat d'études. Il s'est arrêté là. François Truffaut, Fabrice Luchini, Michel Drucker, François Pinault (eh oui) ou Jean Cocteau, qui a raté son bac quatre fois, sont d'autres cas connus de ressuscités. Jean-Pierre, lui, n'est pas célèbre. Mais c'est le même principe. Un jour, ce bon copain a reçu ce missile du conseil de classe, et en rit toujours : *« A touché le fond, et creuse encore. »* Parti en fin de première, il a travaillé dans la grande distribution, en commençant par ranger des chariots, a gravi les échelons, pour finir à un poste supérieur, entouré de bac plus-plus, dont la majorité ne savait pas faire la différence entre un bénéfice et un déficit de chiffre d'affaires. Je vous jure que c'est vrai ! Il a quitté ce monde pour devenir un brocanteur/antiquaire reconnu, dans le quartier des Chartrons, à Bordeaux. Comme Jean-Pierre, je me suis dit que cette illégitimité supposée me suivrait toute ma vie, qu'il valait donc mieux le reconnaître et l'assumer très vite. Qu'être atypique n'est pas une tare, et qu'il ne faut pas refuser une aide si elle se présente.

• **Troisième mesure : choisir son camp.**

Décrocher de l'école, comme cent quarante mille jeunes chaque année selon le chiffre officiel, ou devoir suivre des filières « courtes », sorte de voie de garage pour des éléments à la traîne du système, ne sont pas des fatalités. Pour preuve, des cancres considéré(e)s comme perdu(e)s s'accrochent et persévèrent, en comptant sur leurs valeurs, sur les passerelles dont dispose l'Éducation nationale. Si ces parcours ne représentent que quatre élèves environ sur mille poursuivant des études supérieures, ils donnent pourtant des indications sur la manière de réagir. Car basculer vers l'envie de « réussir » tient parfois à un détail, une rencontre, un entourage, un enseignant, les parents, une expérience culturelle. Et surtout à un appétit général, parfois une soif de revanche ! Tenez, j'avais, comme la plupart des cancres, une envie phénoménale de découvrir, de connaître, d'apprendre. Seul bémol : j'étais le seul à le savoir. Comme d'autres, j'ai étanché cette soif par mes propres moyens, tout en reconnaissant à l'école de m'avoir transmis les bases (lire, écrire, compter), et permis de croiser des enseignants merveilleux, dont deux en histoire et deux (femmes) en français. J'ai ainsi amélioré mon orthographe déficiente à partir de 11 ans en découvrant la lecture avec Agatha Christie. Après des années chaotiques, à la fin de la première, ayant manqué un examen facile d'accès en terminale, j'ai dû choisir : quitter le lycée, ou redoubler... encore. Oui, j'avais repiqué ma cinquième. J'en suis encore fier, puisque, paraît-il, c'était une classe qu'on ne redoublait jamais. Et cette fierté, cette envie de revanche, disent les sociologues qui ont étudié le sujet, sont répandues chez les anciens cancres. Tant mieux.

Ensuite ? Parti du lycée, j'ai suivi une classe préparatoire à la formation de laborantin – j'avais choisi cette profession parce qu'une jolie amie de mes parents était laborantine. En fait, ce monde me fascinait. Je me voyais en alchimiste préparant des potions magiques bouillonnant dans les cornues et les éprouvettes. Évidemment, ce n'était qu'un rêve. Il n'empêche, durant cette année, et pendant mes études à l'Assistance publique, puisque j'avais réussi le concours d'entrée, difficile je précise, je me suis régalé dans les matières comme la physique et la chimie, où pourtant je pataugeais au lycée. Pourquoi ? Parce que j'avais un but, une motivation, et cette fameuse sensation indispensable de plaisir. De connaissance, et de reconnaissance. Et le plaisir : tout est là !

Un état d'esprit

Celles et ceux qui s'en sont sortis, diplomé(e)s ou non, ont un autre point commun : arrêter de se complaire dans l'image nulle qu'on vous renvoie. Parce qu'il est possible de faire douter quelqu'un, au point qu'il se trouve idiot, perd ses capacités. Une vidéo en anglais[1], qui circule sur Internet, le montre très bien. On y voit une professeure demander : *« Quelle est la plus grande peur ? »* Réponse : *« Ne pas être accepté. »* Nous y voilà. Pour illustrer cette vérité, elle propose une expérience. Chacun reçoit un bout de papier sur lequel sont écrits trois mots. Le but est d'utiliser les mêmes lettres pour former un autre mot, donc de créer une anagramme. *« Quand vous avez terminé la première anagramme, levez la main, annonce la prof. »* Seuls la moitié des élèves lèvent la main. Idem pour la deuxième anagramme, et la troisième. *« En fait, on vous a donné deux listes différentes. À droite, vous aviez trois anagrammes faciles* [*bat* pour *tab*, *lemon* pour *melon*]. *Le troisième mot était le même dans les deux listes* [*cinerama* pour *american*]. *À gauche, vos deux premiers mots étaient insolubles ! Ils n'avaient pas d'anagrammes. Je suis désolée. Repensez à ce qui s'est passé en vous, quand vous avez vu ceux de droite*

1. https://www.youtube.com/watch?v=j9I95BJsINc

lever la main car ils avaient résolu l'exercice. Qu'avez-vous ressenti ? » Les réponses sont claires : « stupide », « envie de partir », « encore plus confuse », « frustrée ». « *Oui, parce qu'ils avaient réussi alors que vous étiez en difficulté*, commente la prof. *Cette partie de la classe n'est pas plus intelligente que l'autre. Les deux côtés ont été choisis au hasard. Alors pourquoi cette différence ? Pourquoi à gauche avez-vous eu plus de mal avec le troisième mot, alors que c'était exactement le même qu'à droite ? Que s'est-il passé ?* » « *Je n'avais plus confiance en moi* », dit un élève. Ces jeunes venaient de faire l'expérience de « l'impuissance apprise » ». En à peine cinq minutes et très facilement !

On apprend donc à être impuissant(e) ? À l'école, dans la vie courante. Or, cette impuissance vient d'un autre poison, un cocktail détonant, omniprésent, qui colle à la peau de notre société : le sentiment de culpabilité, et la honte, son alliée, deux copines qui nous rendent impuissants. En gros, si vous ne réussissez pas à l'école, c'est parce que vous êtes nul(le), donc fautif(ve) de ne pas être dans les clous, honteux(se) de ne pas recevoir la récompense, c'est-à-dire la bonne note, malheureux(se) d'écoper de la punition. Par exemple, j'ai toujours rêvé de savoir dessiner, peindre. Il paraît qu'il suffit de projeter par sa main ce que l'on voit dans son cerveau. Facile à dire. Si je le vois bien, je n'ai pas cette capacité. Il suffit de voir comment je dessine un canard. Mais ça ne fait pas pour autant de moi un débile profond. Juste quelqu'un qui dessine comme un pied, qui ne se sent pas coupable, et n'a pas honte du tout. Quand je fais un croquis pour les étudiants, ou mes enfants, tout le monde s'amuse. Je l'ai donc accepté, l'utilise, et j'en ris, puisque nous avons tous des incapacités, et que notre intelligence, nos aptitudes, ne sont pas proportionnelles aux niveaux de scolarité et de diplômes.

Alors oui, s'en sortir est aussi, et surtout, un état d'esprit, inséparable du plaisir, et qui demande de se défaire du sentiment de culpabilité. Attention, la culpabilité existe, mais dans le cadre des lois, lorsqu'on commet des actes répréhensibles, nuisibles. Se sentir coupable est autre chose, une véritable culture, inculquée dès que l'on est tout-petit, et depuis très longtemps, individuellement et collectivement. Par exemple, quand un enfant, et ça ne sert à rien de l'enguirlander parce que c'est fait, et même un adulte, casse un objet, son premier réflexe est de dire : « *J'ai pas fait exprès, c'est pas ma faute.* » Ah la faute, le bon vieux « péché », mot qui vient du latin *peccatum*, « faute » ou « faux pas ». Si l'on se sent coupable de tout et de rien, on ne peut pas construire, individuellement et collectivement. Cet état est paralysant. Parce qu'il est fondé sur la recherche de la récompense, atteinte parfois coûte que coûte, et la peur de la punition, qui peut être traumatisante, surtout pour un enfant qui ne comprend pas toujours les justifications d'une note. On a facilement envie de se révolter, de prendre une revanche à n'importe quel prix, ou d'abandonner, autant d'énergies et de potentiels gâchés. Or, nous ne sommes pas là pour subir. Nous sommes là pour agir. Reconnaître une erreur est au contraire de l'action positive : on a envie de la corriger, de comprendre son origine, qui peut être un comportement, de rechercher ou d'accepter de l'aide, de trouver une solution. On a envie de chercher les solutions en soi, et non à l'extérieur de soi. D'avancer, donc de faire des choix. Au lieu de se sentir coupable, de s'y habituer, au point d'en être dépendants, il est alors tellement mieux de se sentir responsable de ses choix. Il faut donc déculpabiliser, en adoptant des comportements tout bêtes, mais très efficaces.

- **Première mesure : changer son vocabulaire.**

Parler négativement rend négatif. Au contraire, être positif, c'est abandonner les « c'est la honte », « j'ai la honte », tellement révélateurs, et même si c'est la mode. C'est ne plus parler de « faute » d'orthographe mais d'« erreur » d'orthographe. Évitons aussi le : « Faute avouée est à moitié pardonnée. », qui sent l'influence chrétienne, et sa notion de pardon. Dans un pays, la France, où, pourtant, près de

65 % des habitants sont sans religion ou athées, c'est-à-dire ne croyant à aucun Dieu. Être positif, c'est aussi cultiver la possibilité : remplacer les « mais », qui sous-entendent une impossibilité, par des « et si ? », qui sont des possibilités. Et cultiver l'ouverture : au lieu des questions fermées (« Tu as bien mangé ? »), qui donnent un oui ou un non, préférer les questions ouvertes (« Comment était ton repas »), qui favorisent les opinions, les dialogues.

• **Deuxième mesure : se ficher du regard des autres, qui est une source de culpabilisation et vous renvoie cette image négative, lamentable de vous-même.**
Ce qui est la moindre des libertés. Par exemple, je ne suis pas un fan des réunions de famille, des fêtes de fin d'année, de ces rencontres traditionnelles, codifiées, dont on voudrait nous faire croire qu'elles sont obligatoires, et forcément joyeuses. Certains aiment, c'est parfait. Ne pas y aller fait-il de moi un indifférent ? Quelqu'un qui n'aime pas les autres ? Bien sûr que non. Il y a tellement d'autres occasions de faire la fête. Prenez aussi les « journées » des grands-mères (commerciale), de la gentillesse (de qui se moque-t-on) ou, cerise sur le gâteau, des femmes. Quelle honte pour les femmes ! Comme si elles n'existaient qu'une fois par an, tout comme les amoureux avec l'inepte Saint-Valentin : un jour, une petite amie m'a reproché de ne pas l'aimer parce que je trouve cette fête ridicule, et que je pou-

vais lui offrir des fleurs tous les jours de l'année, ce que je faisais d'ailleurs. Notre relation s'est arrêtée.

ONCLE BERNARD

J'aimais bien Bernard Maris, sa manière d'être à la fois révolutionnaire et bourgeois, virulent et humain, profond et drôle. Son livre *Et si on aimait la France* (Grasset, 2015) est malheureusement posthume, puisque Bernard Maris a été tué le 7 janvier 2015, à *Charlie Hebdo*, où il tenait une chronique décapante sous le surnom de « oncle Bernard ». Entre autres qualités, cet homme adorait le point-virgule ; j'adore le point-virgule. On ne peut qu'aimer quelqu'un qui adore le point-virgule. Ce livre, terminé juste avant qu'il soit assassiné, est une très belle déclaration d'amour à la France. Il y dit justement que les Français ne sont pas « coupables » de tout ce qui arrive. Merci Bernard.

• **Troisième mesure : refuser le sentiment de culpabilité, c'est refuser d'être victime, l'éternel(le) incompris(e). C'est avoir l'envie, donc le plaisir : voilà la voie à suivre !** En priorité, c'est éviter de penser que tout est verrouillé, inaccessible. L'Histoire, toujours très bavarde et généreuse, montre que rien ne dure... Écarter au contraire le pessimisme, le déclinisme, le conspirationnisme, le complotisme et autres « ismes » déprimants, et les grincheux, les déçus de la vie, le « c'était mieux avant » ou « c'est mieux ailleurs ». À l'inverse, il ne s'agit pas d'être angélique, de se dire que nous sommes tous beaux et gentils, que tout va bien dans le meilleur des mondes. Surtout pas ! Il est capital de rester lucides, réalistes, objectifs, généreux : ce sera mieux demain et je peux y contribuer. Parce que nous avons la chance de vivre dans un pays formidable, aux capacités étonnantes, à la jeunesse créatrice. Il suffit de lire, de regarder des documentaires, de discuter avec des gens pour constater que l'on peut être compétitif et performant sans dévorer sa voisine et son voisin à la sauce réussite. En jouant sur ces valeurs que nous avons tous, en les « valorisant » précisément. En privilégiant la compétence et l'expérience, l'originalité et l'ouverture au monde, les échanges entre cultures, entre générations. En se prenant en main, en combattant les vexations, les blessures, même les brimades. En se disant : *« C'est comme ça ? Alors vous allez voir de quoi je suis capable. »* On retrouve alors le sourire, l'humour qui nous sort de bien des situations délicates. On emploie un langage positif : parler de points à améliorer, plutôt que de points négatifs, de questions et non de « problèmes ». On fait preuve d'indulgence, pour soi, et pour les autres, en particulier envers l'école, parce que c'est mieux pour se projeter dans le présent, et dans l'avenir.

À partir de ces prises de conscience, il est possible de répondre à l'appel d'un des sels de l'existence, essentiel, efficace : l'optimisme ! Vous pouvez par exemple rejoindre les promesses de l'Optimistan[1].

LE CREDO DE L'OPTIMISTE

Je me promets

D'être si fort que rien ne puisse déranger
la paix de mon esprit,

De parler de santé, de bonheur, et de prospérité
à toutes les personnes que je rencontre,

De faire sentir à tous mes amis qu'ils ont
une grande valeur en eux,

De regarder en priorité le côté ensoleillé des choses
et de partager mon optimisme,

De penser au meilleur, de travailler pour le meilleur,
et d'attendre le meilleur,

D'être aussi enthousiaste pour le succès des autres
que pour les miens,

D'oublier les erreurs du passé et de me concentrer
vers mes plus grandes réalisations futures,

1. Ligue des Optimistes de France. http://fr.optimistan.org

> De toujours afficher une expression joyeuse
> et de sourire à tous ceux que je rencontre,
>
> De passer tellement de temps à m'améliorer
> que je n'aurai plus de temps pour critiquer les autres,
>
> D'être trop grand pour l'inquiétude, trop noble
> pour la colère, trop fort pour la peur, et trop joyeux
> pour permettre la présence de la peine,
>
> De penser du bien de moi-même et de l'affirmer,
> non pas avec de grands mots mais avec de grandes actions,
>
> De vivre avec la certitude que l'univers est à mes côtés
> aussi longtemps que je suis en harmonie
> avec le meilleur qui est en moi. »

Christian D. LARSON,
Your Forces And How To Use Them (1912)
(« Vos forces et comment les utiliser »)

Chapitre 2

L'art d'être jeune

« Il faut être absolument moderne.
Point de cantique : tenir le pas gagné. »

Arthur RIMBAUD (1854-1891),
Une saison en enfer.

À vingt-deux ans, j'ai fait une rencontre déterminante. De quelqu'un qui, toujours vivant, pourrait être encore mon père, puisque l'écart d'âge n'a pas diminué avec le temps. Vingt-six ans pour être précis. Une relation fraternelle, affectueuse, riche de rires, d'échanges, de pensées... Cet homme généreux, écrivain au parcours singulier, à la vie exceptionnelle, d'une intelligence aiguë, d'une culture immense, n'a jamais mis de distance et de hiérarchie dans ce rapport, qui n'a rien de filial. Tout simplement parce qu'il s'en fiche, parce qu'il est constamment en mouvement, humain. D'autres rencontres importantes, de gens plus âgés, ont aussi marqué les années, et les marqueront. Je pense notamment à Jean, disparu en 2015, engagé dans les Forces françaises libres à 16 ans, puis dans la diplomatie, et à son épouse Monique. Des voisins adorables, que j'allais voir avec un grand plaisir, avec mon fils ou ma fille. Un jour, Jean, dont la santé déclinait beaucoup, qui ne pouvait presque plus bouger, me dit dans le creux de l'oreille, quelques mois avant sa mort : « *Tu sais, c'est formidable de vieillir.* » Respect...

Tout cela pour dire que ces deux personnalités font partie de ceux qui, par leur comportement, leur action, transmettent leur moteur, cette soif perpétuelle d'avoir « envie », d'avancer. Bref, ils ont toujours été « jeunes ». Bien sûr, les acariâtres vous diront que les jeunes sont officiellement les 15-24 ans. Soyons plus généreux et allons jusqu'à 30 ans. Ce qui voudrait dire qu'au-delà de cet âge, on est « vieux » ? Non, parce que être jeune est d'abord, et encore une fois, un état, une mentalité, qui ne vous quittent jamais, qui se nourrissent de la curiosité, de la créativité, d'un appétit général. On peut donc naître déjà vieux, ou mourir « jeune » et très âgé. À 60 ans, évidemment, il n'est pas question de coller aux styles des ados, encore moins de vivre, de raisonner à leur manière, comme ces « quincados » qui, entre 45 et 55 ans, se comportent comme s'ils en avaient 30. Il ne s'agit pas de faire le jeune, il s'agit d'« être » jeune.

Oui, une jeunesse formidable

Le décalage entre les générations, entre l'expérience et l'envie de grandir, a toujours existé, et existera toujours. Ce qui explique que les enfants préfèrent souvent s'adresser à d'autres aînés, dont leurs grands-parents, plutôt qu'à leurs parents, qui servent quand même à quelque chose, pas seulement à avoir raison. Je n'y ai pas échappé : vivre ensemble pendant des années est toute une affaire ! Or, ce décalage est précieux. Il favorise l'évolution, le changement, la progression des idées, des mentalités, des sociétés. Ce qui amène à se comprendre, communiquer. C'est pourquoi une chose m'exaspère : les adultes qui critiquent tout le temps les « jeunes », en particulier des profs qui, par-derrière, même par-devant, disent qu'ils sont ignorants, dispersés et nuls. Ils n'ont qu'à faire un autre métier ! Car, je le racontais dans le TEDx[1] Bordeaux, en 2013 – merci au passage à Hélène et Isabel, qui m'ont offert cette opportunité, et à ceux qui ont participé à cet événement, dont Éric. C'était sur le thème du rêve : on ne peut pas aimer la vie, faire des projets, si les jeunes et la diversité vous donnent de l'urticaire. Et il n'est pas possible d'enseigner, d'avoir des enfants, si on n'aime pas les jeunes et la diversité. Autant devenir ermite et tricoter dans une tour d'ivoire. De l'autre côté, il n'est pas possible que les jeunes fassent évoluer la société s'ils se sentent

1. Créés aux États-Unis en 1984, les « TED » *(Technology, Entertainment, Design)*, aujourd'hui élargis au monde entier (dont Bordeaux) sous le nom de TEDx, sont des conférences d'une quinzaine de minutes, destinées à présenter des idées susceptibles d'améliorer le monde. Les « speakers » ne vendent rien, ils parlent juste de leur expérience, de leur vision de tel ou tel sujet, avec ou sans images. Toutes ces conférences sont libres d'accès sur Internet.

impuissants. Or, c'est en majorité le cas. D'où vient alors ce sentiment ?

C'est certain, l'écart entre les 15-30 ans et leurs aînés est considérable, sans parler des plus jeunes. Bien plus grand que celui que j'ai connu avec mes parents, et mes parents avec leurs parents. Ce qui est frappant, qui tranche avec ma génération, c'est la manière dont ces jeunes voient le présent et l'avenir, comment les construire. En résumé : « On est désenchantés », a dit un jour une étudiante. Et vu les hochements de tête autour d'elle, les autres étaient d'accord... Selon les études et les enquêtes, les jeunes trouvent en majorité, comme les 45-65 ans d'ailleurs, qu'avoir une vingtaine d'années aujourd'hui est difficile. La première préoccupation, toutes générations confondues, est la difficulté de se « lancer dans la vie », c'est-à-dire d'avoir une filière, un premier travail, un prêt à la banque, un premier logement – plus de 50 % des 18-34 ans vivent chez leurs parents, surtout dans les classes modestes. Ensuite, les médias parlent trop négativement de la jeunesse qui, du coup, a du mal à se valoriser par rapport à la référence, c'est-à-dire les générations précédentes. C'est ici que se situe le nœud de l'affaire. Cette jeunesse ne veut pas être comparée à « l'avant », parce que le monde a changé, très, très vite, et radicalement. Elle n'a pas la même façon d'apprendre, de réfléchir, de communiquer, de travailler.

Le numérique, qui bouleverse les métiers et les relations, est une raison essentielle. Les jeunes sont prêts à améliorer l'héritage qu'ils recevront, même s'ils le critiquent beaucoup et, d'une certaine façon, trouvent qu'ils sont perdus, et sacrifiés par l'incompétence de leurs aînés (dette, retraites, écologie, etc.). Pour réussir, ils mettent en tête l'investissement dans le travail (loin devant le diplôme), l'entente, des chances égales, la solidarité. Mais plus on va vers la catégorie des non-diplômés et sans-emplois (ils sont près de deux millions), plus le pessimisme monte, ce qui se comprend. Du coup, il existe plusieurs jeunesses, séparées par le diplôme. En revanche, ils ont tous ce besoin vital : la reconnaissance. Ils sont fatigués des promesses jamais tenues, des politiques et des médias auxquels ils ne font plus confiance, du pouvoir de la finance. Combatifs, ils préfèrent s'engager dans des associations, ou des dispositifs locaux, c'est-à-dire le terrain. Du diplômé au jeune en CDI, du chômeur au stagiaire, ils considèrent que la société ne leur donne pas les moyens de faire leurs preuves, et sont même prêts, à 61 %, à rejoindre un vaste mouvement de révolte, quand ils n'adhèrent pas aux thèses ultra-radicales qui, depuis plus d'un siècle, profitent du rejet, du dégoût de la société, de l'exclusion, des peurs.

Nous sommes donc assis sur une poudrière. Pendant que les jeunes se trouvent ouverts au monde, curieux, créatifs, conscients des enjeux environnementaux et du contexte socio-économique, réactifs et vite mobilisés, impliqués et adaptables, ils reprochent, à juste titre, que la société vieillissante bloque les portes, alors qu'il est capital que les élèves dépassent les maîtres. Conscients qu'ils sont parfois plus individualistes, ils sont très informés et attachés à de grandes valeurs, comme l'éducation, la solidarité, la diversité, les échanges entre cultures, la mondialisation, la valeur « travail ». Ils veulent être reconnus pour ce qu'ils sont, s'exprimer, avoir leur place et des places, occuper des emplois correspondant à leurs qualifications, leurs capacités, parce qu'on leur avait promis que les diplômes leur ouvriraient une voie géniale. Ils veulent des changements sociaux profonds, un vrai accès à l'emploi, des entreprises différentes, plus collaboratives. Pour construire et se projeter dans l'avenir. Pour vivre et non survivre ! C'est pourquoi *Toute la vie*, la chanson de 2015, en faveur des Restos du Cœur, sans doute louable, est mal passée. Elle montrait, dans une confrontation face à face, des jeunes désabusés, reprochant à leurs aînés de leur léguer un monde moche *(« des portes closes et des nuages sombres », « nos dégoûts, nos colères », « sans avenir »)*, tandis que ces aînés *(« À vous de jouer, mais faudrait vous bouger »)*, leur répètent qu'ils « ont toute la vie, c'est une chance inouïe », avec un gros brin de nostalgie : *« J'envie tellement ta jeunesse. »*...

« PENSER, C'EST ANTICIPER »

Quand j'écoute cet homme à l'accent chantant du Lot-et-Garonne, ancien rugbyman, donc de grande qualité (hum), je me régale. Michel Serres, né en 1930, agrégé de philosophie, académicien, professeur d'université, etc., est un conteur, qui vous raconte des histoires si proches qu'on a l'impression qu'il est en train de prendre l'apéro avec vous. Espiègle, amoureux et curieux de la vie, c'est un transmetteur de connaissance, même si, comme il le dit, ses nombreux écrits sont plus denses, parfois moins accessibles, parce qu'ils sont un travail d'auteur, de chercheur, qui a « senti » les grands événements avant qu'ils arrivent (la fin de l'agriculture traditionnelle, la crise de l'écologie par exemple). Pour lui, qui jubile que Wikipédia existe, « penser, c'est anticiper », inventer ce qui est nouveau, le monde de demain, et dans la joie. Pour Michel Serres, il est capital et urgent de « tout » repenser. Allons-y !

Lire, entre autres, aux éditions Le Pommier : *Petite Poucette* (2012) ; *Pantopie : de Hermès à Petite Poucette*, entretiens avec Martin Legros et Sven Ortoli (2014) ; en 2015, *Le Gaucher boiteux – Du bonheur, aujourd'hui* avec Michel Polacco, et *Solitude – Dialogue sur l'engagement* avec Jean-François Serres, son fils, responsable des Petits Frères des Pauvres.

Il y a des vieux supers

Les jeunes l'affirment : les anciens nous apprennent autant qu'on leur apprend. C'est vrai. La transmission se fait dans les deux sens. Excepté dans ma voiture, quand mes enfants mettent des radios de barbares alors que j'écoute du classique ou FIP. Des vieux répètent aussi l'urgence de ce partage. Des vieux gourmands, curieux, lucides, malicieux, optimistes, d'une modernité et d'une jeunesse incroyables, dont Stéphane Hessel et son fameux livre *Indignez-vous !*, paru en 2010. Ou Michel Serres et cette vérité : *« Ce n'est pas une crise, c'est un changement de monde. »* C'est clair. Et qui sont les acteurs de ce monde à changer ? Les jeunes. Michel Serres l'a montré en créant Petite Poucette (à cause des pouces qui servent à taper très vite les SMS), née dans les années 1980. Vivant « dans » l'ordinateur, avec les nouvelles technologies, elle représente la révolution numérique, aux répercussions gigantesques. Par exemple, en 1997, quand j'ai publié mon premier livre avec mon nom dessus, sur le thème de la « mémoire efficace », j'ai dû acheter des bouquins, en emprunter à la bibliothèque, faire des recherches à droite, à gauche. Aujourd'hui, je mettrais trois à quatre fois moins de temps, j'ai calculé. Autre exemple, dix ans plus tard, pour mon livre sur les sirènes, j'ai pu télécharger sur gallica.fr (une merveille de site public et gratuit), des trésors en PDF, qu'il m'aurait fallu des semaines avant de consulter ! Et en cours ? L'intervenant n'a plus la même autorité vis-à-vis des connaissances. Avant, on l'écoutait, on prenait des notes, et on se taisait parce qu'on ne savait pas. Aujourd'hui, on peut savoir avant que le cours commence, en consultant des sites, ce qui change les rapports. L'enseignant est devenu plus un guide qu'un prof au sens classique ; il aide à grandir grâce à la transmission et l'organisation de connaissances, à « augmenter » les autres, dit Michel Serres. Le phénomène est le même dans le commerce, la médecine, la mécanique, la politique, la démocratie, etc. Tout à coup, le monde ne peut plus fonctionner comme avant. Tout a vieilli, très vite. Tout, ou presque, est à inventer. Et « ça pique », comme dirait Sarah, une copine qui a 30 ans, excellente photographe. Parce qu'une bonne partie des plus de 40 ans, la génération silencieuse née avant la guerre, les baby-boomers nés après, la génération X apparue dans les années 1960, ont en effet peur de ce changement radical, de toutes ces Petite Poucette, alors qu'ils ont le pouvoir. Michel Serres les appelle « Grand-papa Ronchon » dans un de ses livres. Ils sont à la traîne, de l'ancien monde, mais ne veulent pas lâcher, alors qu'ils devraient laisser la place. Prenez la moyenne d'âge des députés : 59 ans et dix mois parce que plus de la moitié ont plus de 60 ans. Celle des sénateurs est de 66 ans... Imaginez Zidane toujours en équipe de

France. Prenez aussi Jack Lang, né en 1939, qui a largement prouvé s'il était compétent ou non : il dirige l'Institut du monde arabe. Il n'existe pas un(e) quadra dynamique, non politique, parlant arabe ? Même chose pour Pierre Camou, né en 1945, qui se représente à la tête de la Fédération française de rugby, qu'il dirige depuis 2008 ! Alors que ce sport a besoin de jeunesse. Du coup, aux élections régionales de décembre 2015, seulement 35 % des 18-24 ans, et 34 % des 25-34 ans ont voté.

Prenez le pouvoir !

Quoi faire alors ? Réagir, toutes générations mélangées, car il y a urgence : les moins de 40 ans représentent 48,7 % de la population française. Quel potentiel ! « *Sous les pavés la plage* », disait la jeunesse excédée de Mai 68. « *Sous les claviers l'avenir* », tape celle d'aujourd'hui, excédée aussi, sur les starting-blocks. Pour qu'elles s'y retrouvent, il faut donc que les Petite Poucette se donnent les moyens de créer le monde de demain. Elles y arriveront. Pour cela, je leur répète : prenez le pouvoir ! Des vieux « jeunes », c'est-à-dire les Grande Poucette – si Michel Serres m'autorise l'expression –, sont prêtes à les aider, à collaborer. Le 11 juillet 2014, Yoyo Maeght, petite-fille du grand Aimé Maeght (qui faisait « toujours confiance aux jeunes »), présente son livre

La Saga Maeght sur BFM Business et dit à propos des étudiants : « *C'est mon grand plaisir de transmettre, de partager. J'ai découvert Facebook, c'est extraordinaire parce que je trouve qu'il y a un contact entre les gens merveilleux qui se fait. Ils sont fidèles, ils sont curieux, ils sont attentionnés. [...] Ce qui me plaît, c'est de donner l'impulsion à ces jeunes. [...] D'abord, je leur dis souvent : "Mais foutez-nous dehors. Vous êtes la nouvelle génération." Le XXIe siècle, ce sont les gens de 30 ans, 40 ans qui doivent le faire. Ce n'est plus moi qui suis quand même proche de la soixantaine. C'est cette génération qui doit trouver, peut-être même inventer de nouveaux modèles, y compris dans l'art.* »

PRENDRE LE POUVOIR ?

Tout montre que les places sont à portée de main. Pour les obtenir, avec ou sans le bac, super diplômé(e) ou non, les jeunes doivent prendre d'abord le pouvoir sur leur propre vie. Ne pas lâcher, observer, inventer, oser, donner son avis, se donner le choix. Se tirer vers le haut.

« Pouvoir » est d'ailleurs un mot précieux, qui a deux sens : nom commun, il traduit la suprématie, et la possibilité ; verbe, il signifie « être capable de ». C'est se projeter dans le monde de demain, l'inventer. Car rien n'est écrit, rien n'est certain, définitif. Nous avançons sans cesse. C'est un autre sel de la vie. À 40 ans, j'ai réalisé un rêve : commencer à apprendre à jouer de mon instrument de musique préféré, le violoncelle. Je ne me suis pas dit que cela était réservé aux concertistes. Je l'ai fait, et j'en suis ravi. Et à 20 ans, vous croyez que, laborantin, je pensais écrire un jour des livres ? Frédérique Bedos, elle, a abandonné les paillettes de la télé et des variétés pour fonder en 2009 « Le Projet Imagine », qui parle de ceux dont on ne parle jamais, et qui font pourtant de très belles choses. Eh bien elle vient pourtant de très loin ! Et raconte son histoire fournie dans un joli livre, *La Petite Fille à la balançoire*, avec Valérie Péronnet (Les Arènes, 2013).

• **Prendre le pouvoir, c'est être fier(e) d'appartenir à sa génération, défendre ce qu'elle représente, ses capacités.** Démocratie du savoir, compétence, partage en temps réel, initiatives individuelles et collectives : ce sont les armes des jeunes ! Le 21 janvier 2016, Paul Duan, 22 ans, signe un partenariat avec Pôle Emploi, pour que les demandeurs d'emploi, grâce à son application, soient mieux guidés en fonction de leur profil. Après de très belles études, il a créé en 2014 « Bayes Impact », non pour faire du profit, mais pour que les données récoltées sur le Net, le fameux data, servent à améliorer le monde. Sur le site, l'équipe se présente comme « un groupe d'idéalistes pragmatiques qui croient que, bien appliquées, les données [le data donc] peuvent être utilisées pour résoudre les grands problèmes du monde ».

• **Prendre le pouvoir, c'est être original(e).**
Chacun l'est. En décembre 2015, Julien Chorier, jeune diplômé de 24 ans d'un master, est fatigué qu'on ne réponde pas à ses candidatures. Alors il trouve une astuce : dans sa lettre de motivation, il change les formules que tout le monde écrit, comme « votre entreprise est leader du marché », par des « blabla ». Résultat, il est engagé le 27 décembre par une start-up parisienne, en CDI.

• **Prendre le pouvoir, c'est ne plus avoir de préjugés vis-à-vis des vieux : à 40 ou 50 ans, on n'est pas « *has been* », paralysé devant une appli.**
On a par exemple montré qu'employer un quinquagénaire dans une jeune entreprise apporte beaucoup. Et quand je dis aux étudiants que ma chère mère, qui a largement dépassé les 80 ans, a créé un compte Facebook, leurs yeux s'ouvrent comme des soucoupes. D'accord, elle ne s'en sert pas. La démarche est pourtant significative : les plus de 40 ans se sont adaptés au numérique, et continuent de s'adapter, avec son langage barbare (pop-up, plug-in, cookie, etc.) : 87 % des 18-29 ans, 73 % des 30-49, 63 % des 50-64 et 56 % des

plus de 65 ans utilisent Facebook. Ils savent donc que la Toile permet d'être moins dupes, plus informés, plus réactifs, plus exigeants, plus aiguisés, plus libres d'une certaine façon. Beaucoup connaissent les pièges à éviter, comme poster des photos trop intimes, qui peuvent être volées.

• **Prendre le pouvoir, c'est être reconnu(e).**
Les jeunes doivent être lisibles et visibles. C'est faire connaître leur génération auprès des anciens : rassurer, monter des ateliers, des expositions, des blogs, etc. pour expliquer ce qu'ils sont, leurs envies et leurs rêves. Leur apprendre déjà qu'on ne dit pas « djeuns » ! Mes enfants, leurs copains, les élèves trouvent que « ça fait pitié », que c'est « gavé beauf » – « gavé » est typiquement girondino-bordelais. Pareil pour les LOL, PTDR, MDR, XD. Ils ont bien raison.

• **Prendre le pouvoir, c'est aller chercher ce qu'on ne raconte pas à la télé ou dans les journaux gratuits.**
C'est s'informer, se nourrir d'autres exemples réjouissants, encourageants, de jeunes qui ont dépassé les obstacles. Au Nigeria, deux frères, Anesi et Osine Ikhianosime, ont ainsi créé un navigateur web très performant, à 14 et 16 ans. Corentin de Chatelperron, né en 1983, ingénieur, est installé au Bangladesh où il essaie de faire revivre la production locale de jute, avec lequel on faisait, entre autres, les

sacs à patates, et conçoit des bateaux formidables et écolos. À 28 ans, Marielle Philipp, très écolo aussi, crée à La Teste-de-Buch, sur le bassin d'Arcachon, un atelier de tannage avec des peaux de... poissons péchés sur place. Alors qu'elles finissaient avant à la poubelle. Sa devise : « *Du pêcheur au sac à main.* » Elle est allée en Laponie apprendre cette technique très ancienne, découverte par sa mère.

• **Prendre le pouvoir, cette dernière histoire le rappelle, c'est s'allier avec les Grande Poucette.**
Cette « intergénération » a toujours été précieuse, et le sera toujours, surtout aujourd'hui. Car le numérique n'est pas tout si on veut savoir. Rencontrer des anciens, porteurs de mémoire, leur parler, apprendre d'eux, est une opportunité exceptionnelle, comme les amis dont je parlais au début de ce chapitre. Jean-Luc, un autre ami, qui dirige un centre social pour jeunes en difficulté, a eu un jour l'idée de les amener dans une maison de retraite voisine. Les échanges ont été géniaux, et continuent. Parce que les anciens, dont les Grande Poucette, ont leur rôle à jouer, des acquis précieux à transmettre. Ils savent qu'il ne suffit pas d'avoir une information ; il vaut mieux la comprendre, la relier à d'autres informations, organiser le tout, que ce soit fluide, cohérent.

Oui, des rencontres de ce genre peuvent être déterminantes. Quand j'étais enfant, j'avais une grande amie, la libraire du coin, qui vendait aussi des jouets, de la papeterie. Une merveille de femme, qui aurait pu être ma grand-mère, qui m'écoutait vraiment. Cette dame m'a aussi transmis beaucoup. J'y pense encore, avec émotion.

> “*En se rappelant qu'on peut prendre le pouvoir, qu'on peut sortir des étiquettes, avec l'aide de son entourage, on est donc prêt à mieux affronter la scolarité, ou à la digérer, avec ses défauts. Et à marcher devant ! À se « réaliser ».*”

Chapitre 3

Comment se réaliser

« Je ne perds jamais, soit je gagne, soit j'apprends »

Nelson MANDELA.

Un conseil : ne jamais avoir un membre de sa famille comme prof ! J'ai eu cette super-chance. Un de mes oncles, prof donc, a essayé de m'enseigner l'anglais en sixième. Sauf que ça ne fonctionnait pas, avec lui et avec les autres. J'ai appris la langue en lisant, en parlant, en regardant des films en VO, en voyageant. En plus, comme mon frère avait été son élève l'année précédente, mon oncle « comparait ». J'en ris aujourd'hui, pas à l'époque. Parce que ça peut être destructeur pour un enfant de cet âge. On ne peut pas comparer un élève à un autre. Ils n'ont pas les mêmes vécus, les mêmes références, les mêmes rythmes. Certains sont excellents dans le primaire, moyens au collège, fantomatiques au lycée. D'autres font l'inverse. Je me souviens d'un copain qui a eu son bac de justesse. Il s'est réveillé en première année de médecine, a fini premier. Aujourd'hui, c'est un grand professeur.

Des exemples de ce type existent dans tous les parcours scolaires. D'où cette question qu'on se pose un jour : est-ce que la scolarité construit ma vie ? Est-elle déterminante pour « me réaliser ». D'ailleurs, « comment me réaliser ? » Ce sujet de rédaction de troisième m'a frappé à l'époque, et même si je n'ai gardé quasiment aucun papier de ma scolarité, je me souviens que je m'étais vautré. Il n'y a pas d'autre mot. Je n'étais pas le seul. « Se réaliser, comment se réaliser ? » Comment voulez-vous avoir une réponse précise, structurée, cohérente à 14 ou 15 ans ? Si on m'avait proposé ce thème à 30 ou 40 ans, j'aurais eu la moyenne, enfin j'espère.

La réponse ? Elle est évidente : la scolarité est loin d'être le seul moyen de « se réaliser ». Surtout aujourd'hui avec le numérique (ou le digital, c'est pareil). Cependant, si l'enseignement au collège et au lycée, voire à l'université, a un, deux ou trois tramways de retard, et un besoin fou de se moderniser, ce livre n'est pas une guerre contre ce monde qui a aussi de grandes richesses, des dispositifs qui ne sont pas toujours connus. Non, ici, on ne fait pas contre ou avec, comme si on était résigné. On fait autrement !

Échec et mate

Maintenant, une jolie cerise sur le gâteau : au début de ma première cinquième, mon oncle de prof a voulu « mater » ma liberté, ma singularité. Me faire rentrer dans le rang, dans les étiquettes. Il avait demandé au surveillant général du collège (l'ancêtre du CPE) de ne pas me lâcher d'une semelle. Pendant quelques jours, le « surgé » m'a harcelé, puni dès que je bougeais le petit doigt, et, un après-midi, révolté, j'ai craqué. J'ai quitté le collège sans autorisation. À l'époque, c'était presque un crime. Ma mère, ça aurait pu être mon père, m'a recueilli, a contacté le surgé, et le harcèlement a cessé. Cet après-midi-là, on est allés dans un magasin de produits de beaux-arts. Comme je suis un infernal conservateur, je garde encore la bobine de fil de lin noir qu'on avait achetée. Il en reste. Quarante-cinq ans après. Émotion...

Mon oncle et le surgé ont simplement pratiqué ce que j'appelle « l'humiliation de la différence », alors que la différence est évidemment une richesse et que, en définitive, on ne peut jamais vraiment la mater. Mais elle fait peur et provoque des préjugés, des comportements aussi débiles que celui de mon oncle. Conséquence : où l'élève s'adapte plus ou moins bien au système, ou il le quitte, il « décroche ». Aux yeux de la société, il est alors en « échec ». Pendant ce temps, on veut nous convaincre qu'en poursuivant de longues études, on réussirait une belle carrière, peut-être meilleure que celle des parents. Les filières et les prépas payantes se sont multipliées. Mais trop de diplômes tue le diplôme, et le dévalorise. Du coup, le savoir se dévalorise aussi, comme une monnaie qui connaît l'inflation. Une majorité des enfants de milieux favorisés suivent les filières des « meilleurs » (S, pour être clair), contre à peine un quart des enfants d'ouvriers non qualifiés. Et des étudiants du supérieur se trouvent au chômage. Conséquence, cette inflation produit beaucoup de frustration.

Tout cela explique que de nombreux jeunes soient plus ou moins déprimés, avec ou sans diplômes, parfois en difficulté, sans travail, dans la précarité, angoissés par l'avenir. D'après les études, comme la très large enquête *Génération quoi ?*, menée par France Télévisions fin 2013, une bonne majorité des 18-25 ans ne croit pas à la « méritocratie » : la société ne leur permet pas de montrer ce dont ils sont capables, l'école ne récompense pas leur mérite, et les chances sont très inégales parce que tout le monde ne passe pas le même bac. La course au diplôme et l'allongement de la durée des études nuisent en effet à la méritocratie, remplacée par la diplômatocratie, et à la fameuse égalité des chances, à l'ascenseur social. En gros, les meilleures places sont données à ceux qui arrivent en premier dans leurs études, pas forcément aux plus compétents. Une entreprise choisira le plus diplômé, alors qu'un moins diplômé peut être aussi compétent. Un jour, un copain, agrégé d'histoire, déplorait par exemple d'avoir été conditionné, et n'était pas du tout certain de savoir transmettre, enseigner avec compétence. Il faut donc que les mentalités et les comportements changent. Car « mérite » est un mot très intéressant. Comme je suis un obsédé de l'étymologie, parce qu'elle offre des clés formidables, je suis bien sûr allé voir. Par son origine, il est une façon de conduire son destin, de s'offrir une dignité. Pas d'être passif. Nous y sommes !

PLUS D'ÉGALITÉ !

Marie Duru-Bellat, sociologue de l'éducation, montre très bien que la méritocratie à la française est très, très fatiguée, et qu'elle est le reflet d'une société inégale. C'est le règne de l'efficacité immédiate. Puisqu'il faut avoir plus de diplômes que le voisin, pour obtenir la place, le nombre de ces diplômes a augmenté, et ils profitent toujours aux mêmes, dit-elle, c'est-à-dire aux enfants de cadres ou de familles aisées. Elle propose que les sélections ne reposent plus seulement sur les matières dites « intellectuelles », qu'elles tiennent compte du profil de l'élève (ce qui se fait en Suède ou en Angleterre, par exemple). Parce qu'il n'est pas un carnet de notes, c'est un individu, avec son potentiel.

Marie Duru-Bellat, *L'Inflation scolaire, Les désillusions de la méritocratie*, coll. « La République des idées », Le Seuil, 2006. Citons aussi les travaux de deux autres sociologues, Tristan Poullaouec (*Le Diplôme, arme des faibles. Les familles ouvrières et l'école*, La

Dispute, 2010) et François Dubet (*L'Hypocrisie scolaire*, Le Seuil, 2000 ; *L'École des chances : qu'est-ce qu'une école juste ?*, Le Seuil, 2004 ; *Les Sociétés et leurs Écoles. Emprise du diplôme et cohésion sociale*, avec Marie Duru-Bellat et Antoine Vérétout, Le Seuil, 2010 ; *La Préférence pour l'inégalité. Comprendre la crise des solidarités*, La République des Idées, 2014).

Mobilisation générale !

Les élèves, les profs, les parents sont presque tous d'accord : les enfants s'ennuient au collège et au lycée. Quand ils y restent... Pour que les choses évoluent dans le très bon sens, et puisque ce livre n'est pas un procès de l'Éducation nationale, il faut donc que chacun se mobilise !

Parlons d'abord des enseignants. Élève, parent, étudiant ou jeune sans diplôme, arrêtons de taper sur les profs du collège et du lycée. Ils ne sont pas responsables de tout, font souvent ce qu'ils peuvent, et surtout ce que leur dit de faire le système éducatif, dont ils sont les instruments. Et puis, soyons indulgents : comment avoir une vision de la société, de la réalité économique et sociale quand la plupart n'ont jamais quitté l'école depuis la maternelle ? Comment abandonner la théorie apprise pour entrer dans le concret, la vraie vie des nouvelles générations, les nouveaux enjeux ? Beaucoup sont heureusement engagés dans cette dynamique, sans avoir forcément les moyens de la réaliser, par exemple de suivre les élèves à la traîne. Ils doivent parfois aussi se battre contre les profs aigris, râleurs, frustrés, pessimistes, des théoriciens qui n'ont pas de pédagogie, et rien à faire dans une classe. Par exemple, je l'ai vu de mes yeux vu dans un lycée, une salle des profs agrégés, donc le haut du panier, interdite aux autres profs ! Même pour boire un thé. On reste entre nous, surtout ne pas se mélanger, quelle horreur, au cas où un agrégé attraperait une tâche de prof ordinaire. Pourtant ce sens de la hiérarchie existe, au lycée comme à la fac. Dommage. Mais tous les agrégés ne sont pas ainsi, heureusement.

Parlons ensuite de cette mobilisation. Les plus concernés sont naturellement les 140 000 jeunes qui décrochent chaque année, pour des raisons multiples, soit 650 000 des 18 à 24 ans au total. La majorité vient du lycée professionnel, 48 % de milieux ouvriers. Consciente du phénomène, l'Éducation nationale a mis en place des dispositifs – le site du ministère donne toutes les informations. Quand un jeune décroche, ce n'est pas seulement à cause de l'école, c'est aussi parce qu'il ne se retrouve pas dans la société, où il faut un diplôme pour presque tout, alors que, jusqu'aux années 1990, on pouvait bien plus facilement se bâtir une carrière sans diplôme. Mais décrocher ne signifie pas être perdu(e), un cas désespéré. Un « échec » pour la société, pour soi. Et le mot « échec » nous envoie soudain au mot « réussite ». « Réussite » vient de l'italien *riuscire*, « ressortir », « débouché ». Ça alors ! Quel que soit l'endroit que l'on a choisi, l'école ou autre chose, on peut donc déboucher sur un chemin pour se réaliser. Un film magnifique, d'Arthur Penn, *Miracle en Alabama* (1962), raconte par exemple l'histoire vraie d'Helen Keller, née aveugle et sourde, donc muette, et isolée. Une institutrice malvoyante, Anne Sullivan, utilise le toucher pour lui communiquer l'envie d'apprendre. Les relations, d'abord très tendues, débouchent sur une affection et un respect mutuels. Les résultats sont impressionnants. Par conséquent, ne pas réussir à l'école n'est pas une fin en soi. Rien n'est jamais fixé. À condition de se mobiliser.

ENTRETIEN AVEC MICHEL FOUCAULT

Extrait de la cultissime *Radioscopie* de Jacques Chancel, sur France Inter. Le 10 mars 1975, l'invité est Michel Foucault, passionnant penseur du XXe siècle. Un conseil : écoutez cette émission, c'est dynamique !

J. CHANCEL. Les parents ont une responsabilité dans le savoir de leurs enfants. Comment doivent-ils les aider ?

M. FOUCAULT. Je crois que les parents donnent en effet aux enfants une véritable angoisse devant le savoir, par l'intérêt même qu'ils portent au savoir de leurs enfants. Car dans ce savoir des enfants, ils y mettent leur propre gloire à eux, bien sûr. Ils y mettent leurs sacrifices, ils y mettent leur propre projet d'avenir, ils y mettent leur revanche également. Enfin je crois que la pression que les parents exercent sur les enfants, pour qu'ils sachent, cette pression est très, très chargée d'angoisse. Et les enfants éprouvent, en général, cette angoisse. Les enfants perçoivent, d'une façon générale, très, très rapidement l'angoisse des adultes. C'est la chose sans doute qu'ils déchiffrent le mieux. Et je crois que ça pèse négativement, d'une façon très, très lourde.

J. CHANCEL. Il faut une sanction tout de même. Et cette sanction, c'est le diplôme.

M. FOUCAULT *(souffle).*

J. CHANCEL. Comment faire autrement ?

M. FOUCAULT. Boh vous savez, le diplôme, ça sert simplement à constituer une espèce de valeur marchande du savoir. Ça permet également de faire croire à ceux qui n'ont pas le diplôme qu'ils ne sont pas en droit de savoir, et qu'ils ne seraient pas capables de savoir. Tous les gens qui passent un diplôme savent pratiquement que ça ne sert à rien. Qu'il n'y a pas de contenu, que c'est vide. Mais ceux qui n'ont pas passé le diplôme, c'est ceux-là qui donnent un sens plein au diplôme. Et le diplôme, moi je crois, il est fait précisément pour ceux qui ne l'ont pas.

Comme il le rappelle ensuite, Michel Foucault n'aurait pas occupé ses fonctions, publié son premier livre, eu accès à des matériaux de travail s'il n'avait pas eu ses diplômes. Or, le numérique permet aujourd'hui de contourner en grande partie ce privilège. Je me demande ce que Foucault dirait du numérique...

Les cinq lieux

• En premier lieu, avec ou sans diplôme, la mobilisation passe par l'entourage, capital.

Très bonne nouvelle rapportée par les enquêtes : les jeunes sont attachés à la famille, et les parents les soutiennent tout en s'inquiétant pour leur avenir, parce qu'il y a l'angoisse de la scolarité et la pression des diplômes. C'est pourquoi les parents ont un rôle majeur : dès la petite enfance, encourager les possibilités et les qualités, même s'ils appartiennent à un milieu peu favorisé. Le climat de confiance joue alors beaucoup dans la réussite. Autre entourage déterminant : les personnes qui croient en vous sont inestimables. Famille, amis, organismes ou profs, il ne faut pas les laisser passer. Car il suffit parfois d'une rencontre, d'un conseil, d'un encouragement pour faire basculer cette désagréable impression d'être étiqueté(e) comme une chemise pendant les soldes. Même à l'intérieur de l'Éducation nationale, qui peut aussi mettre de côté la méritocratie et se consacrer à des jeunes en difficulté scolaire. Ce que le sociologue Bertrand Bergier appelle une « complicité de l'intérieur » : un(e) prof, un(e) conseiller(e) d'orientation, un(e) CPE, etc., connaissent tous les rouages de l'éducation et les solutions possibles, peuvent intervenir, ouvrir des portes au bon moment. Par exemple, dans le joli film *L'Esquive*, d'Abdellatif Kechiche (2004), on voit comment des jeunes des cités prennent du plaisir à apprendre, grâce à la disponibilité des enseignants qui les réunissent pour une pièce de théâtre. Et là, les familles de milieux modestes, moins au courant et donc moins bien servies, doivent être vigilantes.

Un copain, Jonathan, résume bien l'importance de cet accompagnement humain dans la réussite. Il a eu un parcours très chaotique, dès sa naissance. Élève sans doute « précoce », il a fait des grosses bêtises et a failli sombrer. Mais un épisode, parmi d'autres, l'a marqué : un jour, en voyant qu'il s'ennuyait en cours, une professeure l'a envoyé dans la classe du dessus. Il y avait une interrogation écrite, et Jonathan, qui était censé ne pas avoir le niveau, a réussi ! « *Ça m'a calmé* », dit-il. Il a obtenu un CAP de cuisinier haut la main, notamment grâce à la compréhension d'un enseignant, a choisi de faire cinq ans dans les parachutistes, s'est consacré à l'encadrement des jeunes et, le 1er avril 2014, une date choisie volontairement, il a monté, à Bordeaux, une association éducative, Cap de Vie, qui « *défend des valeurs d'entraide, de solidarité, d'égalité, de laïcité et de citoyenneté* ».

L'une de ses fiertés : un de ces jeunes est entré à l'école 42, fondée par Xavier Niel, dont nous reparlerons.

• **En deuxième lieu, la mobilisation passe par l'abandon d'une image toute faite.**

Non, des sociologues ont largement démontré qu'être bon(ne) en maths et en physique-chimie ne vous rend pas meilleur(e). Désolé. C'est l'ensemble des matières qui forme les individus, et leur réussite. Mais cette image à la vie dure. À la réunion de parents pour l'entrée en seconde de mon fils, le prof principal, sympa d'ailleurs, parlait clairement des meilleurs qui iraient en S, la voix royale, et les autres ailleurs... Que c'est insultant ! Nous sommes intervenus, évidemment. Il a bredouillé deux ou trois justifications, pendant que les autres parents désapprouvaient aussi. Et ma fille, qui malgré tous ses efforts, n'entre pas dans la logique mathématique, s'est entendu dire, en seconde, qu'elle ne pourrait pas passer en première, à cause de ces fichues maths et de la physique. Alors qu'elle avait choisi une filière littéraire et qu'elle a de très bons résultats en français et en histoire-géo. Autant vous dire que l'on a réagi. Là, les parents ont le devoir de se battre pour défendre leurs héritiers.

• **En troisième lieu, pour se réaliser, il faut être libre.**

Je n'ai jamais dépendu de personne, encore moins de la société. Il faut aussi se défaire des dépendances qui empêchent votre liberté. Le numérique est par exemple un espace de liberté génial, un outil précieux. Il peut être aussi une prison. Je m'explique. Quand j'étais ado, j'avais une vraie fascination pour la télé. Je pouvais y passer des heures. Je regardais même une émission, *Aujourd'hui Madame*. Un cas grave ! Et puis j'ai fini par me défaire de cette dépendance. Quand je suis allé habiter avec mon frère, puisqu'il n'y avait pas de télé, donc de tentation. Car, comme beaucoup de ma génération, j'ai quitté la maison à 18 ans. Quelle expérience formidable, fondatrice. Être autonome, apprendre à faire des courses, la lessive, le repassage (enfin pas toujours), la cuisine. Inviter, être invité, gérer un budget, être libre de son temps, vivre sa sexualité aussi. Dans notre petit appartement, on a vécu des moments inoubliables. Pour s'épanouir, tous les oiseaux ont besoin de partir du nid et je souhaite vraiment que tous les jeunes puissent vivre cette indépendance. À condition que les loyers baissent. Voilà un beau combat à mener.

- **En quatrième lieu, être libre passe par ce proverbe : *« Charité bien ordonnée commence par soi-même. »***

Autrement dit, changer d'abord ce qui empêche d'être actrice/acteur de sa propre existence, dont certaines habitudes – par exemple regarder mon portable chéri toutes les cinq secondes. Ensuite, cultiver sa différence : la première mesure est de faire un point sur ce qu'apporte ou a apporté l'enseignement, ce qu'on sait faire et ne pas faire, ce qu'on aimerait faire. Trouver ses talents, parce que nous en avons tous. Il n'y a rien de plus inefficace que de penser qu'on n'est pas à sa place, et de ne pas savoir pourquoi. Au contraire, se demander ce qui nous rend différent(e), atypique, permet d'en parler avec des jeunes et des adultes, de comprendre ce qui cloche, et de prendre des décisions. Surtout, il vaut mieux éviter d'entretenir cette position désagréable d'être rejeté(e), notamment en vivant cette « galère » avec d'autres dans le même cas. Le phénomène de groupe influence notre volonté d'en sortir. Le repli sur soi est un autre poison. À l'inverse, se dire : « Pourquoi pas moi ? » est très porteur. J'en témoigne.

• **En cinquième lieu, l'estime de soi est essentielle.** Comme on ne retient qu'environ 10 % de ce qu'on a appris au collège et au lycée, ne pas se souvenir de tout est normal. Avoir une mauvaise note, être brimé(e) par une remarque, parce que ça existe, ne met pas en cause la valeur d'une personne. Les vexations et les humiliations sont les outils du système et le justifient. Il vaut donc mieux laisser de côté tous ces profs ronchons, déçus de la vie. Ils ne sont pas majoritaires, même s'ils peuvent faire du mal. Ignorer leurs remarques, gérer la pression, laisser glisser permettent de ne pas entrer dans ce jeu. Au contraire, leur poser des questions, participer en proposant, respecter son rythme permettent de désarmer leur mauvaise humeur, de dépasser sa peur, quelles que soient les notes. Le mieux est de se concentrer sur ce que les autres profs ont de meilleur. Ces profs formidables, passionnés, qui ont le feu sacré, qui s'engagent. Finalement, le sentiment, également désagréable, de ne pas être reconnu(e), s'effacera. La confiance en soi, indispensable, en découle.

> “*Voilà, se réaliser tient souvent à peu de chose, surtout à une prise de conscience, à la volonté, à l'envie, à l'optimisme. C'est ne jamais se décourager, se résigner, abandonner. Rien n'est jamais terminé. Il n'est jamais trop tard.*”

Vous savez quoi ? J'ai entamé ma « carrière » dans l'édition vers 35 ans. Quel que soit l'âge, il y a donc toujours un « après ». Parce que chacun est « sa » méritocratie, comme il est une élite à lui tout seul, capable d'agir et de contribuer au monde de demain.

Chapitre 4

Je suis une élite à moi tout(e) seul(e)

« J'ai beau savoir, je ne sais rien, si un autre ne sait pas que je sais. »

Caius LUCILIUS (180-103 av. J.-C.), *Satires, Fragments.*

Quand j'ai commencé à enseigner, une surprise m'attendait. Figurez-vous que, quand vous êtes prof dans une école privée, le rectorat, c'est-à-dire le relais régional de l'Éducation nationale, vous donne une autorisation d'enseigner. Ou non ! Dans mon cas, le rectorat de l'académie de Bordeaux. Il faut remplir un document, fournir son casier judiciaire (vierge évidemment), des certificats, un CV et… ses diplômes. À part mon permis de conduire, un brevet de natation au collège, mon diplôme de laborantin, et une formation pour être organisateur d'événement culturel, comment justifier que je donne des cours de culture générale, de géopolitique, d'histoire des religions ? Que, par l'expérience et les rencontres, j'ai élargi mes domaines à la communication et au marketing, à la culture et la publicité, aux mythologies entourant les marques, aux techniques d'écriture et de lecture, etc. ? Pas évident pour la personne qui, derrière son bureau, collée au règlement comme une bernique à son rocher, va étudier les cas, un par un. En général, je mets aussi la liste des livres que j'ai publiés. On ne sait jamais. Pourtant, il a fallu plusieurs fois que je bataille, que je perde de précieuses heures, en fasse perdre aux écoles, pour « justifier ». Misère de misère...

En fait, même si vous avez largement les compétences, l'institution décide si vous êtes ou non capable d'enseigner, alors qu'elle ne connaît rien de vous, uniquement des papiers. Alors que l'école, ou la fac, dirigée par des gens majeurs et vaccinés, sensés, sait au contraire ce qu'elle fait et avec qui, et que tout le monde est content. Quel intérêt aurait-elle à engager des « billes » ? D'autant que les intervenants sont évalués aussi par les étudiants. Eh oui ! Et c'est très bien. On en arrive quand même à des situations aberrantes : une très grande violoniste, que j'ai eu la chance d'approcher il y a quatre ans, connue dans le monde presque entier, n'a pas pu enseigner dans un conservatoire de la région parisienne parce qu'elle n'avait pas le diplôme. Elle a dû le passer, comme si elle débutait... Alors qu'un violoniste venait même du Chili pour travailler avec elle. Quelle perte de temps, d'énergie.

Tout cela pour dire que le monde d'aujourd'hui décide si l'on est bon ou non. Si on a la chance d'être très bon, on fait même partie des « meilleurs ». C'est-à-dire de l'élite, *« ce qu'il y a d'élu, de choisi, de distingué. L'élite de la noblesse »*, dit le dictionnaire *Littré*, une référence. Mais le mot « élite », prononcé souvent, surtout dans les médias et au pluriel, est laid et vexant. Car il signifie que les autres, bien entendu très, très nombreux, vous, moi, sont moins bons, mauvais, nuls, etc. Or, et c'est très amusant, ce mot a été utilisé pour la première fois en 1176. Ça date. Le responsable est Chrétien de Troyes, à l'origine du mythe du roi Arthur, pour dire tout simplement « à votre choix ». L'élite devient soudain un choix. Et ça change tout !

PIPOLISATION

En très forte progression dès la fin des années 1970, ce phénomène est très étudié par les Anglo-Saxons, qui l'appellent la *Celebrity culture*, et beaucoup moins chez nous. Le premier essai sur le sujet est *Stars*, du grand sociologue Edgar Morin, paru aux éditions du Seuil, en 1957, puis en 1972. Chez le même éditeur, il a publié en 2000 *Les Sept Savoirs nécessaires à l'éducation du futur*, où il explique qu'il est capital, pour les jeunes, de rassembler les disciplines et non plus de les séparer, afin de mettre en commun les savoirs et de permettre une meilleure compréhension. On y est !

Refuser d'être un sujet

Le principe d'une élite a toujours existé, et existera encore. Elle est utile, et l'a été, quand elle est un exemple à suivre. Ce qui est choquant aujourd'hui, c'est qu'elle n'est pas exemplaire. Son pouvoir et sa présence ressemblent comme deux gouttes d'eau à l'Ancien Régime, donc avant la Révolution de 1789 : la noblesse d'un côté, le peuple de l'autre, qu'on appelait « sujets », pas citoyens. Les points communs sont frappants. Par exemple, un documentaire choc, *Le Prix à payer*, du Canadien Harold Crooks (2014), montre très bien que les élites financières, dont des multinationales, utilisent les paradis fiscaux pour ne pas payer d'impôts. Comme dans l'Ancien Régime, quand la noblesse n'en payait pas non plus, et que les impôts étaient assurés par les autres, cette nouvelle noblesse laisse les classes moyennes supporter le poids fiscal. Deux sociologues, Monique Pinçon-Charlot et Michel Pinçon, ont beaucoup travaillé sur ces inégalités entre riches et pauvres, et sur les privilèges des élites.

Autre ressemblance : comme à Versailles, au temps des rois, on a envie de faire partie de la cour, on en rêve. La télé et la téléréalité, la presse people, et pas forcément people, des sites, des applications, etc. font tout pour vous donner envie d'aimer ces gens célèbres, d'envier leur fortune et leur réussite, de rejoindre cette minorité, et, pourquoi pas, d'être célèbre à son tour. Ce monde de paillettes est d'autant plus attirant qu'il est inaccessible. Il vous prend, petit à petit. D'abord on s'intéresse, ensuite on s'identifie à l'idole, puis on devient dépendant. Ce qui empêche de s'ouvrir sur le monde. Pendant que la presse parle du mariage ou des performances au lit de machine et de machin, nous ne parlons pas du reste. Nous ne réfléchissons pas, et nous ne sommes donc pas dans l'action. Nous sommes dans le vide. Être fan d'artistes, de personnalités ? C'est réjouissant. Par exemple, je suis fan de Clint Eastwood depuis ses premiers films, même quand il était traité de « réac ». Mais je n'ai jamais dormi avec un costume de l'inspecteur Harry, ou économisé pendant des années pour acheter son chapeau dans *Pale Rider. Le Cavalier solitaire* ou le disque qu'il passe dans l'excellent *Un frisson dans la nuit*. Si je le rencontre un jour, tant mieux. J'aurais voulu aussi croiser Camus, Edgar Poe, Homère, Conan Doyle, Gene Tierney, une actrice fascinante ; comme ils sont tous morts, ça risque d'être difficile. En revanche, j'ai eu la chance de passer un moment avec Henri Michaux, Michel Leiris, Julien Gracq, Philippe Soupault, Pierre Soulages, Jacques Hérold, et j'en passe. Des moments formidables, parce que ces gens étaient formidables de simplicité. Ce sont les hasards et des choix qui ont fait ces rencontres. Pas la starification, la pipolisation.

Les observateurs honnêtes sont d'accord pour dire que ces « élites » entretiennent ce climat, et s'entretiennent entre elles. Or, on n'entre pas comme ça à la cour ! D'ailleurs, j'ai toujours refusé d'être dans tel ou tel clan, et si les copains de mes enfants ou les étudiants trouvent « cool » que j'aie publié cinquante-cinq livres, donc que je sois connu – enfin il paraît, je me contrefiche d'être célèbre ou pas. L'essentiel n'est pas là. Il est dans le contact humain direct, le partage.

D'accord, et sur quoi reposent les élites ? Sur le pouvoir, l'argent et leurs positions, dont le système du diplôme tout-puissant, qui leur permet de se reproduire et de se préserver. Les études n'y vont pas de main morte sur les grandes écoles et les concours, très français, d'où sortent, entre autres, les enfants de ceux qui, vingt ou trente ans avant, en sont sortis aussi. Alors au lieu de dire de quelqu'un qu'il fait bien son travail, par exemple, on avance d'abord ses titres : musicien, agrégé, menuisier, philosophe, président, cuisinier, nageur-sauveteur et, éventuellement, compétent. Du coup, la grande majorité des gens sont aujourd'hui exaspérés, c'est plus qu'une évidence, parce qu'ils estiment ne pas avoir de contrôle sur leur avenir, tout comme le tiers-état, le peuple, avant la Révolution.

On a donc tout à gagner à faire autrement, ce qui dépend de chacun. En refusant d'être des sujets, et en étant des citoyens. En évitant, comme le dit le philosophe Alain Deneault, ce monde du moyen-moyen : surtout pas de vague, d'originalité, d'esprit critique, d'inventions, tout ce qui peut remettre en cause l'ordre établi. Un monde où on préfère donc confier les responsabilités à des compétents moyens, et non à des super-compétents. Et nous dans tout ça ?

FFD

Plusieurs livres s'intéressent aux « filles et fils de ». Celui d'Anne-Noémie Dorion et Aurore Gorius, *Fils et filles de... Enquête sur la nouvelle aristocratie française*, La Découverte, 2015. Le sociologue Pierre Bourdieu (1930-2002) a beaucoup étudié ce phénomène de reproduction sociale des élites, dès les années 1960. Citons également l'essai de l'économiste Frédéric Teulon, *Les FFD, La France aux mains des Fils et Filles de*, Bourin, 2005.

Refuser d'être un seigneur

Un jour, j'entends à la radio une actrice et réalisatrice réputée, que j'ai rencontrée quand elle n'était pas connue… À la question : « *Le fait d'être la fille de gens du spectacle vous a-t-il aidée ?* » Elle a cette réponse stupéfiante : « *Si j'avais été fille de charcutiers, j'aurais été charcutière.* » Et révélatrice de ces dynasties qui, de plus en plus, « trustent » les postes, les places, très bonnes de préférence, dans quasiment tous les domaines : l'économie, les arts, la culture, la politique. Il y a deux mille cinq cents ans, à Athènes, on a inventé la démocratie pour lutter justement contre ce principe, qu'on appelle « oligarchie », c'est-à-dire quand l'autorité et le pouvoir sont aux mains de quelques personnes, des castes, des clans. Les exemples pullulent de conjoint(e)s, d'enfants placés à des postes, ou désignés comme successeurs – on appelle cela le « népotisme ». Comme si le talent et les compétences étaient héréditaires ! Les FFD, « filles et fils de », fréquentent les mêmes écoles privées, les mêmes soirées, les mêmes boîtes de nuit, les mêmes lieux de vacances chic, pendant que les parents se côtoient. Les dynasties s'unissent, se marient, comme dans la noblesse d'autrefois. Il s'agit tout simplement d'une nouvelle féodalité, c'est-à-dire d'un pays partagé entre des seigneurs, qui se transmettent tout par héritage et chouchoutent leurs privilèges.

En 2009, par exemple, j'ai passé un moment agréable avec le regretté Bernard Giraudeau, très sympa et simple. À table, quelqu'un lui a posé l'inévitable question concernant sa fille comédienne. Sa réponse, affectueuse et touchante : « *Ceux qui n'ont pas de talent disparaissent, les autres restent. Ma fille en a.* » Peu importe que ces FFD aient du talent ou non. Pourquoi pas. Ils prennent juste la place d'enfants de « personne », parfois plus talentueux. Du coup, comme les élites tournent sur elles-mêmes, il y a moins de débats d'idées, de propositions, d'innovations, de créativité, ce que dénoncent beaucoup de gens, dont Edgar Morin, et qu'on ne voit quasiment jamais à la télé. Bien sûr, des mauvais esprits diront que c'est de la jalousie. Tant mieux, on pourra en discuter !

Pour changer les choses, tous les gens vivant en France devraient être bien, mieux instruits, il paraît même que l'économie serait meilleure. Dès le primaire, quand les cerveaux sont presque tout neufs, il faudrait donc une autre façon d'apprécier les connaissances et le savoir, au lieu d'une école qui pratique un élitisme dépassé. Et dans le supérieur ? Eh bien, entre des diplômes qui se dévalorisent, et la concurrence féroce du privé, pas facile d'inventer de nouvelles solutions. Mieux, de plus en plus d'universités pratiquent une sélection, et l'horrible tirage au sort, notamment dans les masters où il est devenu... légal en 2016. Mon fils, par exemple, n'était pas sûr de suivre la filière qu'il avait choisie, où il a envie de s'investir. Imaginez la déception si vous n'êtes pas pris, l'angoisse d'attendre. Solution ? Aller dans le privé... L'argent est aussi un moyen de sélectionner, au profit de l'aristocratie, un principe vieux comme le monde, bien que des étudiant(e)s financent leurs études. Heureusement, des ouvertures existent depuis une dizaine d'années, et des universités réfléchissent, agissent : à Grenoble, Saint-Étienne et Lille, par exemple, on estime que les diplômes sont une chose, les compétences une autre. L'important est l'insertion professionnelle des étudiants, ce qu'ils savent faire. Il existe aussi maintenant des passerelles qui permettent de passer d'une filière à l'autre, quand on change d'avis en cours d'études, ce qui est plus que naturel (par exemple d'histoire en sciences humaines).

Alors que des jeunes enragent parce qu'ils ont du mal à faire des études, à trouver un emploi, des gens pensent donc à d'autres types de formation, de pédagogie, à des solutions différentes. Et ce que nous partageons ici n'est qu'un échantillon. La société frémit !

Résister pour construire

Ni sujet, ni seigneur : si j'étais le seul à le dire, j'irais consulter aussitôt un psychiatre. Mais il ne suffit pas de dénoncer. Il faut imaginer, réagir, inventer, proposer, construire. Parce qu'il n'y a pas de miracle. En revanche, chaque individu peut être un miracle, une révolution à lui tout seul. La réunion de tous ces individus fait toujours la force du changement, dans le bon sens évidemment, sans haine, exclusion, discrimination.

- **Première attitude : s'encourager, et encourager.**

Par exemple, vous pouvez vous inspirer d'une étude passionnante[1]. Elle montre que les enfants d'enseignants sont ceux qui réussissent le mieux jusqu'au bac, à tous les niveaux du parcours scolaire. Ce sont ceux qui redoublent le moins. Ces parents, qui connaissent forcément les règles et les mentalités scolaires, les arment mieux pour affronter la société, et l'avenir. Amour, épanouissement, compréhension de ce qu'ils font, accompagnement de la scolarité, tout cela est permanent. Pas forcément pour en faire une élite. Pour en faire des individus équilibrés, autonomes, épanouis, dont la personnalité a été, et est prise en compte. D'ailleurs, après le bac, ces enfants ne brillent plus particulièrement.

1. Annie DA COSTA-LASNE, *La Singulière Réussite scolaire des enfants d'enseignants : des pratiques éducatives parentales spécifiques ?* », Université de Bourgogne, UFR Sciences humaines et sociales, Institut de recherche sur l'éducation, 12 novembre 2012. Directeur de thèse : Mme Marie Duru-Bellat. Il est possible de télécharger cette thèse sur https://tel.archives-ouvertes.fr/file/index/docid/781692/filename/12088.pdf

• **Deuxième attitude : accepter et assumer sa différence.** Inutile de faire des discours gnangnan : « *Il ne faut compter que sur soi-même, et encore, pas beaucoup* », a écrit Alphonse Allais, connu pour son humour ravageur. Avec ou sans bac, diplômé(e) ou non, on est seul(e) avec sa différence. Et, même entouré de conseils et d'affection, on est seul devant ses choix. Par exemple, pour se lancer dans leurs projets, Steve Jobs et Mark Zuckerberg ont arrêté leurs études à 19 ans, Bill Gates à 20 ans. Ils avaient une idée, et se sont fichus d'être comparés, puisqu'on est toujours le « con » de quelqu'un d'autre, et qu'on ne peut pas plaire à tout le monde. De son côté, Laurent Aigon, passionné par l'aéronautique, serveur à Lacanau, en Gironde, a construit un simulateur de vol d'un Boeing 737... dans la chambre de ses enfants ! Les professionnels ont été bluffés. En 2013, Google a fait de lui le héros d'une de ses publicités. Pour y arriver, il a été encouragé par sa famille, ses proches, a eu confiance en lui. Il ne s'est pas dit que ceux qui réussissent sont des exceptions, que de ne pas être diplômé est une tare. Comme d'autres, ces quatre personnes ont avancé et, surtout, per-sé-vé-ré. Et puis, aujourd'hui, on peut s'améliorer avec des tas de formations en ligne, comme les MOOC (Massive Open Online Course), les plates-formes d'échanges comme Stack Overflow, les milliers de cours gratuits sur Monamphi, etc. Des entreprises et des réseaux professionnels s'intéressent de plus en plus à ces nouveautés.

• **Troisième attitude : arrêter de se plaindre et faire confiance à son intuition.**

Évidemment que nous apprenons de nos erreurs, elles font avancer. Mais inutile d'insister, et de croire que l'on est impuissant, qu'on ne peut pas se faire sa place. Dans le même esprit, si les réseaux de la « féodalité » semblent puissants, ils ne sont pas éternels. Le copinage et le réseautage ont toujours existé, et existeront toujours. Inventez des réseaux, d'autres circuits, des films collectifs, éditez-vous, associez-vous. Voyagez, créez votre entreprise, multipliez les expériences. Un trésor : partir du principe que vous ne savez rien, la meilleure façon de se poser une foule de questions, dont les réponses sont enrichissantes. Et puis, l'humilité est excellente pour la réussite.

• **Quatrième attitude : avoir conscience qu'on ne peut pas changer un système si on le nourrit.**

Prenez les données d'Internet, le fameux « data » : 85 % environ des utilisateurs français refusent qu'on se serve de leurs informations personnelles, et la publicité qui va avec, notamment sur les réseaux sociaux. Ils trouvent que c'est une intrusion dans leur vie privée, que la pub est inutile, envahissante, énervante. Or, il existe des solutions légales pour contourner cette récolte de données. Elles permettent d'être plus libre, donc plus efficace. Dans le même esprit, si on veut être encore plus libre, plus cohérent, on peut aussi dire non à des promotions, des avantages professionnels, un poste, contraires à vos valeurs. Je l'ai déjà fait. C'est une manière de résister, et de faire avancer les choses, dans l'intérêt de tous.

- **Cinquième attitude : si les évaluations actuelles sont injustes, on peut créer d'autres systèmes d'évaluation, d'autres circuits.**

Un exemple connu est celui de l'école 42 (d'informatique) créée en 2013 par Xavier Niel, le fondateur de Free, dixième fortune de France, qui est parti de rien, et a « réussi ». Mais il sait d'où il vient, déteste qu'on critique la France à tout bout de champ, parce qu'on peut y faire beaucoup. Il trouve aussi que le pays a des formations efficaces, que de très nombreux jeunes ont envie de réussir, de créer, de se battre. Pour permettre aux 80 % de jeunes qui n'ont pas les moyens de se payer une école privée, il fallait créer cette école gratuite, ouverte sept jours sur sept, vingt-quatre heures sur vingt-quatre. Pour y entrer, pas besoin de bac et de diplômes, avoir entre 18 et 30 ans, passer une sélection de quatre semaines, appelée « piscine », puis intégrer l'école, où il n'y pas de cours, pas de profs mais une équipe pédagogique, pas d'emploi du temps, d'examens. Juste des projets en équipe et des connaissances sur Internet. Début 2017 ouvrira en principe la Halle Freyssinet, le plus gros « incubateur » de start-up au monde (paraît-il), à Paris, où il y en a déjà beaucoup. C'est-à-dire une sorte de poulailler, où les œufs sont ces petites entreprises qui innovent, et qu'on aide à éclore pour devenir des poussins. Pour la diriger, Xavier Niel, qui a consacré une partie de son argent à tous ces chantiers, a choisi Roxanne Varza, à peine 30 ans, née aux États-Unis de parents iraniens réfugiés, amoureuse de la France, de ses capacités, de sa langue, sa culture. Sa devise ? Elle est de Churchill : *If you're going through hell, keep going !* (« Si vous traversez l'enfer, ne vous arrêtez pas ! »).

> “ *La meilleure façon de ne pas s'arrêter, c'est d'y croire, de s'épanouir. Comme pour les enfants d'enseignants, c'est justement la culture qui épanouit, structure, crée du lien. Une culture large, éclectique, accessible à tous, qui donne envie d'être acteur dans la société.* ”

Évidemment, le milieu familial joue. Mais pas seulement. Le mien, qui n'était pas celui de parents profs, a été déterminant, par exemple, en nous ouvrant sur plein de domaines. Avec ce bagage, nous sommes chacun parti faire un voyage différent. Parce que, une fois que l'on a quitté le nid, c'est ensuite à chacun de jouer.

Chapitre 5

Décollez votre étiquette

« On n'est pas condamné à l'échec [...] Parce que la vie est un combat. Pour ceux d'en haut, comme pour ceux d'en bas [...] Je ne suis pas une victime mais un soldat [...] Mais l'espoir ne m'a jamais quitté [...] Je suis le capitaine dans le bateau de mes efforts [...] Si le savoir est une arme, soyons armés, car sans lui nous sommes désarmés [...] On est condamné à réussir, à franchir les barrières, construire des carrières [...] Apprendre, comprendre, entreprendre, même si on a mal. S'élever, progresser, lutter, même quand on a mal. »

Kery JAMES, « Banlieusards »,
in *À l'ombre du show business*, 2008.

Ah, les étiquettes !... Un jour, mon fils, en sixième, rentre du collège et me parle des élèves de sa classe : « Celle-là elle est sympa, l'autre c'est un cassos (ou bolos, un cas grave), et eux ils sont popu (populaires, bien sûr). Oh, celui-là, c'est un intello.

— Ah bon ? Et c'est quoi un intello ? dis-je en faisant "gloups".

— C'est un élève qui sait plein de choses, qui écrit bien, et qui porte souvent des lunettes... »

Il s'arrête, me fixe et lance : « Toi, papa, c'est pas pareil. » Je l'adore ! J'ai découvert ce jour-là que ce mot était une insulte. Et aussi une étiquette. Qui vous colle à la peau. Même dans mon entourage, je suis « l'intello » de la bande. Un jour, j'étais allé avec des amis aider un autre ami à ranger des piles de bois dans les Landes. Un copain a été surpris de me voir manier des outils sans me blesser, soulever des planches. Ah, là, là... En décembre 2015, j'en ai eu assez de la caricature. Dans Passeurs d'Idées, un groupe que j'ai créé sur Facebook pour échanger des...

idées, j'ai publié une mise au point sur ce besoin de cataloguer.

EXTRAITS

Quand on sait que le mot « intello » est devenu une grosse insulte au collège, au lycée, ailleurs... ça fait justement réfléchir. Si vous aimez lire, écrire, écouter de la musique, créer des choses, parler français à peu près correctement, les SMS sans photes d'aurtaugrafe, regarder très rarement ou pas la télé, poster des sujets si possible sympas, préférer l'Utopia de Bordeaux au Mégatrucmachin, et tant d'autres gracieusetés de l'existence, vous êtes un(e)... « intello ». En plus, si vous avez publié des bouquins et/ou des articles, vous êtes totalement foutu(e), même si ceux qui vous taxent d'intello n'en ont pas lu une ligne ! Alors que, au contraire, vous êtes normal(e), que vous adorez rigoler, boire des coups, les blagues pourries [une spécialité maison...] et les copains, les concerts déjantés, les bons repas, et j'en passe [regarder des gros navets avec ses enfants]. Pour faire simple, vous vivez !

Enfant, j'entendais déjà qu'un intello était « à part ». De quoi ? On se le demande. Oui, et c'est quoi un « intellectuel (le) » aujourd'hui ? Un statut qui permettrait de « penser » plus et mieux que les gens « ordinaires » ? Certainement pas. La pensée, le savoir, la connaissance, n'appartiennent à personne, encore moins aux « élites ». [...]

Bref, petit retour aux fondamentaux [source : le dictionnaire de l'Académie française]. L'intellectuel est ce « qui concerne l'intelligence au sens large ». Et vlan ! On y trouve l'attention, le jugement, l'imagination, le raisonnement, la curiosité, la valeur, la volonté, etc. Mais au sens restreint (tiens, tiens), intellectuel se réduit à la pensée, à l'idée, à la pure intelligence (ah bon ?) et au pur esprit, en opposition avec ce qui est intuitif, émotif, affectif, manuel, pratique, ouvrier. Mince ! Désolé, un « intello », ça peut aussi ressentir, intuiter, bricoler, travailler de ses mains, cuisiner, sortir les poubelles, donner à manger au poisson rouge, modeler de la terre, s'intéresser au concret.

Un jour, une personne très chère, avec qui j'en parlais, a fait cette remarque formidable, dans laquelle nous sommes peut-être nombreux à nous retrouver : « Tu sais, je suis une cérébrale, pas une intellectuelle. » Cérébrale ? On y retrouve, au sens large, la pensée, l'esprit, la raison, l'intelligence, et aussi l'âme, la morale, le raffinement, le jeu, la sensualité, l'amour des belles choses, de la nature, et l'amour tout court. Être cérébral(e) n'est pas être froid(e), c'est être chaleureux (se), émotif (ve), capable de « coup de tête », de visions, et j'en passe encore.

Dans ces conditions, si nous inventions un mot : intellébral, cérébrectuel ? Pas forcément très joli, mais bon, il en existe sûrement d'autres !

« Mentallo » par exemple, un mélange d'intello et de mental, ou « cérébrallo ». En illustration, j'avais mis une citation.

Dans *Un Taxi pour Tobrouk*, un beau film de Denys de La Patellière (1961), Michel Audiard, dans ses dialogues, fait dire à Maurice Biraud, qui s'adresse à Charles Aznavour : « Deux intellectuels assis [eux] vont moins loin qu'une brute qui marche », la brute étant Lino Ventura, qu'ils regardent donc marcher. Les personnages sont très différents, mais tous unis par le rire, la fraternité, les confrontations musclées, la solidarité. Et un même objectif : s'en sortir. Alors aujourd'hui, quand je rencontre des gens que je ne connais pas, et qui me demandent gentiment ce que je fais, je réponds que je m'occupe de qualité chez un grossiste en bois exotique. Et j'attends les réactions. Très instructif.

Tout le monde est intelligent

Si « intello » est une insulte, il y a une raison. En principe, les « intellectuels » proposent tout un tas d'idées pour comprendre et améliorer la société, le monde, même pour penser un système idéal où les humains vivraient bien. Ils avaient pour noms Aron, Camus, Foucault, Ellul, Lévi-Strauss, Aragon, Bourdieu, Derrida, Barthes, Sartre, Vernant et d'autres. À partir de 1989, et la chute du mur de Berlin, de l'URSS, les intellectuels ont arrêté petit à petit de vouloir transformer le monde, à part des exceptions bien sûr, comme Edgar Morin, Michel Serres, Alain Badiou, etc., des penseurs âgés qu'on ne voit pas dans les grands médias, comme la télé. Alors aujourd'hui, les intellos officiels font des « commentaires », ils gesticulent. Quand Wikipédia a été créé, par exemple, beaucoup ont protesté. Ils avaient tort, et surtout peur, parce que le numérique permet à la population de se faire aussi une idée : le référendum de 2005, où l'on avait à dire oui ou non au projet de Constitution européenne, a été un tournant. Les gens se sont informés sur le Net, et le non, d'abord minoritaire, a gagné. Ils pouvaient se renseigner, penser, décider, et montrer qu'ils ne sont pas bêtes du tout. Et que le temps où il y avait, d'un côté ceux qui pensent et parlent, de l'autre ceux qui écoutent et apprennent, était fini. C'est vrai qu'un peuple qui n'est pas assez instruit réfléchit moins. Il est donc plus facile à « diriger ». Alors la liberté de s'informer fait toujours peur, même en démocratie : un peuple qui comprend se fait moins, pas ou plus avoir. Au début 2011, en Tunisie, le printemps arabe, qui a utilisé le numérique, l'a bien montré aussi.

Et nous sommes quoi dans tout ça ? Des êtres humains qui avons besoin de croire en deux choses. D'abord en un lendemain et un monde meilleurs. Ensuite, en nous, et aux autres. C'est mieux si l'on veut avancer, et faire avancer. Comment voulez-vous y arriver si on vous répète tout le temps qu'une minorité réussit mieux parce qu'elle est beaucoup plus intelligente, et qu'elle vous montre même comment faire ? Eh bien, tout dépend de ce qu'on met derrière le mot « intelligence ». On nous le sert très souvent comme une échelle de valeurs, du génie pur au crétin de base, la grande majorité étant située, d'après ces critères, au milieu de l'échelle. Pas facile de monter dans ces conditions. Or, le mot est dérivé du latin *intellegentia* ou « action », « faculté » de comprendre ». À moins d'être atteint de maladie ou de déformations physiques, ce qu'on ne souhaite à personne, tout le monde est capable de comprendre.

Dans ces conditions, l'intelligence n'est pas proportionnelle aux niveaux de diplômes. Alors si on vous a dit un jour que vous étiez bête, inintelligent(e), n'en croyez rien ! Montaigne (1533-1592) disait déjà, et d'autres avant lui, que la valeur d'un homme est en lui, pas dans ce qu'il possède, ce qui brille. Ce pilier de la langue française avait assez d'expérience pour savoir que l'intelligence est beaucoup plus riche que le QI, le quotient… intellectuel (encore !), cet indice qui est censé la mesurer, comme un kilo de patates ou un litre de vin. Dans ma scolarité, le QI servait déjà à trouver les « surdoués », un mot horrible, ou les « retardataires ». Donc, encore une fois, à créer une échelle de valeur. Oui, et sur quoi ? Le surdoué, qu'on appelle aujourd'hui « enfant précoce », je le répète, n'a pas toujours la vie facile et peut échouer dans ses études, avoir des difficultés à s'adapter, même à avoir une vie sentimentale. J'en ai rencontré, et je peux vous dire qu'être surdoué(e), ce n'est pas toujours un cadeau. Mais qu'ont-ils de différent ? Pas de plus, de différent ? Selon les domaines, ils comprennent plus vite que la moyenne, parfois plus vite que les profs. Ce qui signifie qu'ils comprennent mieux, ou qu'être intelligent c'est être rapide ? Pas du tout. Ils ont reçu une capacité, pas un chromosome supplémentaire. Albert Jacquard (1925-2013), un grand monsieur, biologiste, mathématicien et généticien, parle merveilleusement de tout cela.

Une arme : la culture

Si l'intelligence est l'art de comprendre, cette grande aventure a besoin d'un aliment à la portée de tout le monde : la culture. Quand j'ai des étudiants pour la première fois, je leur pose la question : « C'est quoi la culture ? » Les visages se crispent. La plupart disent qu'elle est réservée à une « élite ». C'est reparti ! En fait, c'est comme l'intelligence. On voudrait nous faire croire qu'il existe une hiérarchie de la culture. Non, la culture est « une arme de construction massive », une phrase reprise souvent sur le Net. « Le savoir est une arme », disent des rappeurs, comme le collectif La Boussole, Kery James ou Ministère A.M.E.R.

Oui, et que contient la culture, à quoi sert-elle ? L'agriculture est l'art de cultiver des plantes, de nourrir. C'est pareil pour le savoir. Dans ce cas, la culture est naturellement « populaire » puisqu'elle s'adresse, en principe, au plus grand nombre, et le nourrit de connaissances à transmettre, qui permettent de nous épanouir. Et on sait qu'un peuple qui a accès à la culture est un peuple qui sait mieux, qui vit mieux. Il n'y a donc pas de culture intelligente, et de culture bête.

La culture est aussi « générale » : j'aime aussi bien le rap et le blues que Bach dont je suis fou ; la peinture abstraite et Le Caravage que les sidérantes peintures de la grotte Chauvet, qui ont plus de trente mille ans, ou le *street art* ; Paul Auster que Montesquieu, Le Clézio que les Inconnus, Nietzsche (nom impossible à écrire) que Jason Statham (il me fait rire), Alain Resnais que Christopher Lee dans *Dracula*, Luc Besson qu'Akira Kurosawa. À l'inverse, je ne suis pas sensible à Brassens, à l'écriture et au style de Marguerite Duras, à ce qu'elle raconte. Je préfère un épisode de l'excellente série *Engrenages*, avec l'impeccable Caroline Proust. Tout comme je n'aime pas Sartre, André Breton, Christine Angot, Amélie Nothomb, le jeu d'Isabelle Huppert, les œuvres de Picasso. Je ne dis pas que c'est mauvais, je ne me permets jamais. Ça m'ennuie, c'est tout, comme Marcel Proust. Je n'ai pas d'émotion ! Et l'émotion, le plaisir, sont le moteur de la culture. Mais on peut aussi évoluer : Vincent Lindon,

Jacques Prévert, Colin Farrell, MC Solaar m'ont longtemps mis mal à l'aise, alors que, maintenant, je les aime.

> “ *La culture, c'est donc la liberté de choisir ce qu'on apprécie, parce que personne n'est obligé d'aimer ce qu'on nous dit d'aimer.* ”

Un champ vaste qui sert à vous rendre heureux, en dehors des chemins tracés pour vous, c'est-à-dire du snobisme et de la convention politico-culturelle. Ce n'est pas ressembler aux autres, c'est partager, comme le champ partage ses cultures. C'est s'affirmer, dire que vous avez 20 ans et que vous écoutez aussi bien du rap, de la soul que du classique. C'est échanger des idées et les appliquer ; c'est un rapport à soi, aux autres, au monde. La culture permet de trouver sa place, et de construire. En revanche, tout ce qui l'empêche, la rabaisse, est à rejeter. Et aussi tout ce qui la limite, fabrique des hyperspécialistes. D'ailleurs, on me dit parfois « spécialiste des religions », ou de je ne sais quoi. Ah non. Je ne suis spécialiste de rien, je suis un généraliste curieux, qui jubile, qui aime la diversité, assembler les éléments, cette culture générale nécessaire, qui donne du sens aux choses parfois abstraites.

EDGAR MORIN ET XAVIER NIEL

« Vivre s'apprend par ses expériences avec l'aide d'abord des parents, des éducateurs, puis par les livres, la poésie, les rencontres. Vivre, c'est pouvoir réaliser ses aspirations personnelles au sein d'une communauté. Aujourd'hui, l'école n'enseigne ni la compréhension du monde ni la manière d'affronter ses incertitudes. [...] Les enseignants ne sont plus là pour faire apprendre des notes mais pour retrouver leur rôle de chef d'orchestre qui critique, corrige, améliore, enrichit la connaissance. Il faut rendre aux professeurs cette mission qui était la leur et qu'ils ont perdue. Pour enseigner, il faut savoir donner de l'amour. [...] C'est elle [la culture générale] qui donne les plus grandes joies car elle rend sensible au monde, c'est elle qui aide à comprendre ce qu'est l'être humain, son origine, sa complexité, sa multiplicité et comment il est passé de l'âge de pierre à celui de la conquête de l'espace. Apprendre ce qu'est la condition humaine est indispensable. À partir de ce moment-là, c'est-à-dire dès lors que chacun se sent appartenir à une aventure commune, alors étudier devient passionnant car cela revêt un sens », dit Edgar Morin dans un entretien avec Xavier Niel.

Isabelle GIRARD, Xavier NIEL et Edgar MORIN : « L'école doit apprendre à vivre », *Le Figaro Madame*, 18 novembre 2014.

On est tous des intellos

La culture pour tous n'est donc pas une idée farfelue et démagogique. Tout le monde ne s'y intéressera pas forcément. Chacun fait ses choix. Mais si nous pouvons l'élargir, la rendre moins sélective, plus « populaire », beaucoup de questions trouveraient plus facilement leurs réponses. Et ce n'est pas qu'une question d'argent. Le soir du 11 janvier, après l'hommage aux victimes, le journal de France 2 avait ainsi invité Abd Al Malik et Jean d'Ormesson. Un beau mélange. Abd Al Malik a publié en 2007 *Qu'Allah bénisse la France* (Albin Michel), où il raconte son histoire. Comment la culture, l'envie de savoir, des rencontres, dont son amour et une prof, l'ont sauvé du désastre, de la drogue qui avait tué un ami sous ses yeux... Il en a fait un film, sorti en 2014, que je vous conseille. Dans l'interview, Abd Al Malik appelle à l'éducation, au dialogue : « *L'outil culturel est vital, la culture est vitale, c'est-à-dire quelque chose qui travaille nos imaginaires, quelque chose qui nous unit parce que, tout d'un coup, on se rend compte que, derrière les apparences, nous sommes des êtres humains, nous sommes les mêmes. Et voilà, et moi c'est un cri, ça fait dix ans que je parle de ça, du vivre ensemble, de la paix. Et j'ai mal, aujourd'hui.* » Jean d'Ormesson, qui l'a écouté avec attention, commente : « *Ce que cette journée peut-être nous a appris, c'est qu'on peut dépasser ce qui nous oppose et tâcher de multiplier ce qui nous unit.* » Il faut bien avouer que, depuis, même après le 13 novembre et les autres « douleurs », la société n'a pas beaucoup changé… Or, le changement passe d'abord, et surtout, par chacun, par nos prises de conscience.

• **Première chose : on peut avoir ses goûts, ses affinités, mais si vous n'avez pas envie d'être étiqueté(e), catalogué(e), il vaut mieux éviter d'étiqueter, de cataloguer.** Comprendre les autres est aussi de l'intelligence, et c'est facile, parce que la culture permet de connaître et de s'enrichir des différences, de l'étranger. En même temps, et pour ne pas être dans le moule qu'on rencontre au collège, au lycée, ailleurs, parce qu'il « faut » être comme tout le monde, affirmez ces goûts, montrez-les. Refusez une activité si vous ne la sentez pas. Le fils d'une amie, en primaire, lisait pendant les récrés, parce qu'il adore. Les autres se moquaient. Puis d'autres élèves se sont mis à lire aussi.

• **Deuxième chose : observer, regarder, se poser des questions.**
Un jour, je me suis demandé pourquoi, sur les bûches de Noël, vous avez souvent une amanite tue-mouches, ce beau champignon rouge à points blancs. Eh bien j'ai cherché, son histoire est fascinante, et j'en ai fait un livre. On peut se

poser ce genre de questions tous les jours. Parce que les mots sont des mines d'or, qui vous ouvrent un monde, vous cultivent : que racontent par exemple les mots *tragédie, hécatombe, panique, multiplier* ? À vous de chercher, de trouver.

• **Troisième chose : aiguisez un outil, le sens critique.** C'est-à-dire ne pas croire systématiquement une information, et se renseigner pour comprendre – à ne pas confondre avec la paranoïa et les théories du complot. Car, comme le dit Franck Lepage, qui a cofondé la Coopérative d'éducation populaire, dont il est un acteur et un militant : « *L'école fabrique des travailleurs adaptables et non des esprits critiques.* » Vous pouvez regarder sur Internet ses « conférences » drôles et justes, appelées *Inculture*.

• **Quatrième chose : en cherchant, on cultive donc le bon sens, la logique.**
On se fait son idée, son opinion, son propre jugement. Je me suis toujours attaché à regarder (parfois en souffrant) au moins dix minutes de chaque programme de téléréalité. Il n'y a rien de plus pénible que ces gens qui vous disent que c'est nul sans en avoir vu un seul. Au contraire, en en regardant, en se demandant pour quoi et pour qui ils sont faits, vous développez des arguments.

• **Cinquième chose : « *Il faut mettre la société au service de l'école, et pas l'école au service de la société* », a dit le philosophe Gaston Bachelard (1884-1962).**

L'enseignant reste un chef d'orchestre, et les parents ont aussi leur rôle culturel. Alors demandez qu'on vous explique vos erreurs, concrètement. Votre pensée deviendra plus juste, pour éviter une mauvaise exploitation des savoirs. C'est pourquoi, quand un élève ne comprend pas quelque chose en classe, et qu'il lève le doigt, il montre qu'il a accepté de ne pas avoir compris, dit Albert Jacquard, qui ajoute que cet élève rend service aux autres, parce que le prof doit recommencer puisqu'il est là pour enseigner. Il fait donc preuve d'intelligence.

• **Sixième chose : l'intelligence prend plus ou moins son temps.**

Elle déteste la précipitation, la passivité. Elle préfère l'ouverture, la créativité. Parce qu'elle se construit, en ayant toujours envie de comprendre. Chacun est alors responsable de la sienne, il se l'offre et la développera différemment des autres. L'intelligence est ce qu'on en fait, la manière dont on écoute, on regarde, on s'adapte. La manière, aussi, dont on s'adresse à vous, dont vous vous adressez aux autres. Les neurobiologistes ont découvert, par exemple, qu'un enfant de 6 mois sait faire la différence entre les mots. S'il voit une banane, inutile de lui dire « camion », encore moins « areu, areu ». Parler le bébé à un bébé a plus de chance d'en faire un bébé attardé. Et, comme le dit Albert Jacquard, si l'on répète, depuis tout-petit, à quelqu'un qu'elle ou qu'il est moche et bête, avec un QI inférieur à celle ou celui qui réussit, elle ou il fera en sorte d'être moche et bête. Elle ou il le deviendra.

• **Septième chose : la culture et l'intelligence servent à inventer.**
Si on attend que les intellectuels et les spécialistes d'aujourd'hui inventent demain, autant aller cueillir des pâquerettes sur Mars. Alors inventez, inventez encore ! On a par exemple inventé des « utopies », un mot créé en 1516 par l'Anglais Thomas More, pour son livre du même nom. Il y décrit une île où les inégalités n'existent pas, une société équilibrée, heureuse, idéale, qui est le contraire de l'Angleterre de son époque. Ce mot, qui vient du grec, signifie « en aucun lieu ».

> “ *Seulement, une utopie n'est pas un rêve irréalisable. Des utopies ont déjà été réalisées. Inventez les vôtres, en sachant qu'elles seront toujours en avance sur leur temps.* ”

Maintenant que vous êtes des intellos cultivé(e)s, vous pouvez, justement, cultiver votre plaisir d'apprendre.

Chapitre 6

Les livres ne sont pas empoisonnés

« Un lecteur vit mille vies avant de mourir [...]. L'homme qui ne lit pas n'en vit qu'une »

George R.R. MARTIN, *Le Trône de fer*, t. XIV, *Les Dragons de Meereen*, Pygmalion, 2012. (Série dont est tiré *Game of Thrones*.)

Quand j'étais enfant et adolescent, on avait beaucoup de livres à la maison, sur une foule de sujets. J'avais l'embarras du choix, sans compter la bibliothèque municipale. J'en ai gardé pas mal. On pouvait les ouvrir, les feuilleter, les toucher, les sentir, parce qu'une odeur de papier ancien, c'est envoûtant. Il y avait ceux dont on découpait les pages avec un coupe-papier fin, un geste magique qui découvrait la page suivante, et un nouvel inconnu. Évidemment, cette ambiance a influencé les quatres petits Chavot. Chacun a pris ensuite ce qu'il voulait dans cet héritage. En tant que cancre, je n'ai jamais pensé que cette richesse m'était interdite. Au contraire, on m'y encourageait, et j'y voyais une source de liberté, celle de choisir les livres qui me plaisaient, pourraient m'émerveiller, m'apprendre. De cette époque date ma passion pour les mythologies et l'Histoire, les aventures d'Ulysse, d'Héraclès ou de Léonidas, Toutankhamon et sa tombe, les mystères, le Moyen Âge, la bataille de Verdun... Il y avait aussi de la littérature, pour tous les âges ; vers 13 ans, j'ai lu la première page de *Tristes Tropiques*, de Claude Lévi-Strauss. Je n'ai rien compris, en me promettant qu'un jour, je comprendrais. J'étais fasciné par la Pléiade avec ses pages en papier tout fin, et la collection poésie de Gallimard, où la photo des auteurs fait le tour de ces petits livres. À l'époque, j'étais à mille lieues de penser que je publierai un jour chez cet éditeur prestigieux. Et même que je passerais à... France Culture ; j'avoue que la première fois, j'étais très ému.

L'envie d'écrire est venue vers 15 ans. J'écrivais des poèmes enflammés, hyper-romantiques. Vous savez, ces paysages de paradis, les grands sentiments, les baisers fougueux dans les vagues qui déferlent sous les palmiers, etc. C'était mignon ! Pendant ce temps, les livres n'ont jamais arrêté de m'accompagner, même quand j'ai voulu être comédien professionnel, vers 20 ans. Un grand acteur, forcément : si j'avais réussi, tout le monde serait au courant aujourd'hui. J'ai donc fait pas mal de théâtre, qui m'a apporté aussi de belles découvertes de lecture. Tout ça pour dire que, comme beaucoup de gens, j'aime les livres. L'objet déjà, beau, doux, pratique, qu'on peut transporter, marquer, souligner. Il est vivant, colore une pièce. Et puis, une bibliothèque donne vraiment du charme à une pièce, une habitation. Parfois, pour faire de la place, j'enlève des livres, je les donne ou les vends, heureux qu'ils aient une nouvelle vie. Je continue d'en acheter, évidemment, et de partager ces lectures. Quant aux étudiants, quand je leur demande s'ils aiment les livres, même s'ils ne lisent pas ou peu, et s'il faut garder le livre papier, la grande majorité lève la main à s'en décrocher l'omoplate et dit : « Oui ! » Parce que, pour eux, et pour beaucoup, l'écrit, les rencontres, les métiers, sont les grandes sources du savoir. C'est-à-dire « apprendre »... Nous y sommes !

Apprendre rend libre

Un ami, Pierre, qui a été mon directeur pédagogique dans une école, explique l'importance actuelle d'apprendre : « *Nous apprenons depuis la naissance et ce tout au long de la vie, de manière consciente ou inconsciente.* [...] *Quelle que soit sa façon de se former, de l'école à l'entreprise en passant par l'université, qu'elle soit choisie ou subie, l'homme est, par essence, un "apprenti éternel"* [...] *L'apprentissage éternel sera la clé de voûte de la survie dans le monde de demain.* [...] *Plus que les générations précédentes,* [les jeunes] *considèrent que le savoir est par essence condamné à l'obsolescence* [c'est-à-dire à être dépassé], *que les métiers auxquels universités et écoles les forment n'existeront peut-être plus dans cinq ans et qu'avoir un bon diplôme n'est plus perçu comme un gage de réussite. Ils sont des "apprentis éternels nés" parce que le digital leur offre cette formidable possibilité.* » Dans ce monde, deux outils principaux, complémentaires, permettent d'apprendre.

• **Premier outil, la lecture**[1].

Quels que soient son support, papier ou numérique, et son contenu, elle est une nourriture pour la construction personnelle. « *Dis-moi ce que tu lis, je te dirai qui tu es* », ou à peu près. Stimulant le cerveau, elle tranquillise l'esprit, vous détresse, permet de mieux écrire, développe votre capacité d'analyse, vos connaissances, le vocabulaire, la mémoire en favorisant l'attention et la concentration. Tous ces paramètres sont indispensables pour comprendre, en particulier les autres, le monde. En plus, lire, c'est nous évader, rêver, réfléchir, trouver des solutions. C'est recevoir le cadeau d'un auteur, comme le dit l'écrivain Michel Tournier : « *Je crois qu'un livre a toujours deux auteurs : celui qui l'a écrit et celui qui le lit.* » J'aime cette phrase que je répète souvent. Car la lecture est aussi un espace de liberté que toutes les dictatures détestent, puisqu'elles brûlent les livres, comme les nazis – c'est le principe de l'autodafé. Car le mot « livre » vient du latin *liber*, le nom de la couche toute mince entre la partie extérieure de l'écorce et le bois d'un arbre, mais aussi un adjectif, d'où vient le mot… « libre ».

1. Une étude, réalisée en juin 2016 et publiée par le Centre national du livre (CNL), montre que les jeunes de 7 à 19 ans lisent toujours, surtout si les parents lisent. Et Internet n'est pas un frein !

• **Second outil, les écrans.**

D'abord la télévision. La philosophe et écrivaine Catherine Clément disait qu'elle la regardait tous les jours, en choisissant ses programmes (il en existe d'excellents), surtout les séries, une source d'inspiration. Cette drôle de petite boîte peut être en effet soit un outil formidable, soit un piège redoutable. Y passer trois heures et demie par jour environ, la moyenne nationale, c'est presque un sixième de la journée, et 75 % du temps libre ! Or, à haute dose, la télé provoque des troubles de l'attention, de la concentration, de l'imagination, du langage, de la lecture. En particulier chez les adolescents et les enfants, dès la maternelle. Comme la télé, les autres écrans (ordinateur, portable, jeux vidéos, tablette, même les montres connectées) font appel à des pratiques, des âges, des circonstances, des personnalités différents, et peuvent rendre « accros ». En fait, et comme tout, c'est une affaire de dosage. Tout dépend qui vous voulez devenir : libre ou dépendant. En résumé, les écrans peuvent être des alliés, pas des ennemis. Ils ont en tout cas un gros avantage : on y écrit et on y lit aussi, et beaucoup, autrement que dans les générations précédentes, et peut-être plus.

SE TROMPER EST CRÉATIF

En 2006, lors d'un TED organisé à Monterey, en Californie, Ken Robinson, reconnu dans le monde entier pour ses idées innovantes sur la créativité dans le domaine de l'éducation, rend hommage aux enfants et à leurs « extraordinaires capacités pour l'innovation ». « Tous les enfants ont un talent fabuleux, et nous le gaspillons. [...] La créativité est aussi importante dans l'éducation que la littérature, et nous devrions les traiter de façon égale. » Il raconte cette jolie histoire « d'une petite fille qui était à un cours de dessin. Elle avait 6 ans et elle était au fond de la classe, en train de dessiner. Sa maîtresse disait que cette petite fille avait d'habitude du mal à se concentrer. Pourtant, elle l'était à ce cours de dessin. La maîtresse, fascinée, est allée la voir et lui a demandé : "Qu'es-tu en train de dessiner ?" Et la petite fille lui a répondu : "Je fais un dessin de Dieu." La maîtresse lui dit alors : "Mais personne ne sait à quoi ressemble Dieu." Et la petite fille répond : "Ils le sauront dans une minute." [...] Les enfants vont oser. Même s'ils ne savent pas, ils essaieront quelque chose. [...] Ils n'ont pas peur de se tromper. [...] Si vous n'êtes pas prêts à vous tromper, vous ne sortirez jamais rien d'original. » Ken Robinson, fait « Sir » par la reine, vient d'un milieu ouvrier de Liverpool...

« J'ai de l'imagination »

En résumé, on ne peut pas tout demander à l'école. On peut donc apprendre soi-même, comme ces trentenaires qui, parfois, reprennent des études. Aidées par ces deux outils, trois grandes amies permettent d'apprendre : la curiosité, l'imagination, la créativité. Elles sont à chouchouter, car on ne peut pas imaginer sans curiosité, créer sans imagination.

La curiosité ? Un joli film m'a marqué. En 1983, *L'Éducation de Rita*, de Lewis Gilbert, raconte comment Rita (Julie Walters), jeune femme coiffeuse, fatiguée de sa condition simple, décide de faire des études. Elle suit les cours d'un professeur de littérature (Michael Caine), alcoolique, et aux antipodes. Mais il se tisse entre eux une entente profonde. Rita réussira, au point de changer sa vie. Parce qu'elle a actionné le petit bouton indispensable si on veut apprendre : la curiosité. C'est le moteur de votre intelligence, cette envie de savoir, de comprendre. Pourquoi la Terre tourne autour du Soleil, que tel(le) artiste a du succès alors que ses chansons sont nulles, qu'Obama a été élu, que la pâte brisée est différente de la pâte feuilletée, que la cuisine maison est bien meilleure que le fast-food, etc.

L'imagination ? Nous en avons tous, à tous les âges. Avant de quitter Paris, la petite ville du Nord, j'ai animé, bénévolement, un atelier d'écriture pour une association chargée de faire progresser en français des femmes venues des quatre coins de la planète. Le premier jour, j'étais entouré d'Africaines, Sud-Américaines, Turques, Asiatiques, etc. Il y avait plein d'accents, des rires, de la bonne humeur. À la question : « *Avez-vous de l'imagination ?* » Elles ont presque toutes répondu : « *Non.* » Je leur ai dit qu'on allait le vérifier avec un exercice : elles ont donné, spontanément, vingt mots et écrit chacune une histoire à partir de ces mots. La fois suivante, une des participantes, turque, a dit : « *Hier soir, à table, on a éteint la télé, et j'ai prévenu mon mari et mes enfants : "Attention, j'ai de l'imagination, vous allez voir." On a fait l'exercice, on a beaucoup ri, et on a dit qu'on recommencerait.* » Et voilà !

La créativité ? Elle est permanente. C'est l'oxygène de l'apprendre. Le gaz qui, alimenté par l'imagination, permet de s'envoler, de planer, et de revenir sur Terre, un peu comme les montgolfières. Dès la maternelle, et pour toutes les générations. Car « *un adulte créatif est un enfant qui a survécu* », a écrit Ursula K. Le Guin, une écrivaine de science-fiction humaniste, née en 1929. À l'inverse, des études montrent que des petits de 5 à 6 ans regardant la télé moins d'une heure par jour font des dessins beaucoup plus riches, créatifs, que des petits du même âge qui en dévorent plus de trois heures...

Ensuite ? Curiosité, imagination et créativité sont quotidiennes : nettoyer un four avec un mélange de bicarbonate de soude et de vinaigre blanc, utiliser des caisses de vin en bois pour ranger vos livres, découper un avocat sans vous en mettre plein les mains – chut, c'est un secret maison. Elles s'exercent à la crèche, en famille, à l'école, au boulot, au lycée. Partout ! Et dans la nature, une mine d'or qui, avec la réalité, est un excellent moyen d'apprendre. Par exemple, Gaston Bachelard (1884-1962) fut agrégé de philosophie à 38 ans, alors qu'il enseignait, à Bar-sur-Aube, en Champagne, la physique et la chimie, le dessin géométrique et la philosophie. De 1919 à 1930, après avoir passé trente-huit mois dans les tranchées. Un homme simple et humain, à l'œuvre formidable, qui disait : « *Une hâte me prend de m'instruire encore.* » Un ancien élève de cette époque raconte que, le mercredi, Bachelard achetait deux croissants et l'emmenait se promener sur une colline pendant une heure pour parler de Platon...

Lancez-vous !

“ *Se dire : « Pourquoi pas moi », c'est savoir que les convictions, les rêves, les projets, les réalisations naissent de ce que nous apprenons. Mais ce n'est pas une torture médiévale. Apprendre peut être un jeu, un plaisir, une gourmandise. Apprendre à apprendre aussi.* ”

- **Première disposition : les informations, les rencontres servent toujours.**

Même mes études paramédicales me servent encore. Mais il vaut mieux apprendre sur le moment, plutôt que plus tard, sinon il faudra rattraper ce temps. Alors faites-vous une promesse : supprimez la procrastination (ce qui signifie remettre à demain ce qu'on peut faire aujourd'hui). Être régulier(e) est primordial. Les occasions ne manquent pas (courses, vaisselle, copies à noter, devoir à rendre, etc.). C'est comme le sport, on n'a aucune envie d'aller à l'entraînement, on se donne toutes les raisons de ne pas y aller, et quand on en revient, on est tout content.

- **Deuxième disposition : trois règles toutes bêtes, éternelles, souvent transmises par la famille, nous rendent**

souriants et sympas : la ponctualité, la politesse et le respect.

Et la ponctualité est essentielle, dans tout ce que l'on fait. C'est aussi une question de politesse et de respect de soi, de respect des autres, que l'on apprécie quand on est concerné(e) – j'ai une horloge dans le ventre, et suis toujours à l'heure. L'orthographe, capitale, est aussi une question de respect, de l'autre et de soi, et une clé en or pour comprendre, se faire comprendre.

• **Troisième disposition : informez-vous autrement. La télé mise très souvent sur le spectaculaire, le toujours plus vite, le choc, sans analyser les événements.**

D'ailleurs, entre 2003 et 2012, la rubrique des faits divers a augmenté de 58 % dans les informations ! En fait, cette télé-là table sur nos instincts, nos peurs pour nous tenir en haleine. Pendant ce temps, on ne réfléchit pas au reste, aux sujets importants. Trop de réalité tue la réalité. Comment voulez-vous être optimistes quand l'actualité est surchargée de drames ? Comment construire l'avenir avec la peur, surtout les jeunes ? Alors fuyez les programmes qui vous tirent vers le bas, exploitent les angoisses, la violence, la pipolisation. Vous verrez, ça fait bizarre au début, ensuite on s'habitue et on se sent tellement bien.

• **Quatrième disposition : attention aux écrans.**
Comme la télé, ils nous distraient, nous informent, nous enrichissent. Ils peuvent aussi nous rendre dépendant(e)s. Libre à chacun de ne pas utiliser les moteurs de recherche sur Internet, d'aller chercher ailleurs, de préserver ses données, donc sa vie privée. De ne pas être conditionné par la dramatisation, de choisir ses amis, ses relations, ses sources d'information. De ne pas être dans l'immédiateté : il « faut » absolument répondre dans la seconde. Dans les transports, essayez de vous passer de portable le temps du trajet, pour regarder les gens, le paysage. Vous verrez les effets. Je connais des jeunes tout contents d'y arriver.

• **Cinquième disposition : en dégageant ce temps pris aux écrans, on peut se consacrer à la vraie vie, comme re/rencontrer la lecture.**
J'ai de nombreux exemples. Il arrive que la scolarité vous dégoûte pour longtemps de lire. Or, on ne force personne à lire, c'est idiot : mon fils a dû ingurgiter *Madame Bovary*, de Gustave Flaubert, sous toutes les coutures et durant l'année de terminale, au point d'en avoir une indigestion. Alors qu'à la maison, il prend, comme sa sœur, des livres qu'il choisit tranquillement, dont on parle ou pas, qu'il lit ou non. En revanche, on peut donner envie de lire, d'aller à la rencontre du livre. Par exemple, à Bordeaux comme à

Paris, aux beaux jours, des bibliothèques éphémères sont installées sur les quais. Vu les réactions, surtout de ceux qui fréquentent peu ou pas les endroits « culturels », elles sont très bien accueillies, utiles, et donnent une image dynamique, moderne, humaine du livre et de son rôle. Commencer par des petits textes, même des articles, est aussi une bonne manière de reprendre la lecture.

- **Sixième disposition : assumer et chercher des allié(e)s.** Parce qu'il faut le dire : quand on aime lire, ou faire du latin (qui nous apprend beaucoup), on peut avoir l'appréhension du regard des copains, de l'entourage. Aimer la poésie à 15 ans a plus de chance d'attirer les moqueries que d'aimer le foot. Il arrive même que des jeunes filles qui lisent soient mal vues, parce que c'est un signe d'indépendance. Dans ces milieux machos, et d'autres, la lecture, des filles et des garçons, est d'ailleurs considérée comme une occupation solitaire, pas comme une activité « utile ». Ça fait « intello » et « supérieur ». Là encore, il est capital de ne pas s'isoler, de rechercher des soutiens si c'est nécessaire. De garder son cap, en continuant de s'enrichir, tout en enrichissant les autres. Même chose si vous écrivez.

PERSÉVÉRER

Quand on a le plaisir d'apprendre et d'essayer, on a envie de continuer. Vous avez peut-être vu ce joli documentaire sur Anaïs Kerhoas, diffusé en 2014 (*Anaïs s'en va-t-en guerre*, de Marion GERVAIS, Quark Productions). Au moment du tournage, elle a 24 ans, une pêche et une motivation incroyables, qu'elle a toujours. Malgré les difficultés, l'administration qui lui met des bâtons dans les roues, elle a gagné son pari : défricher, à Baguer-Pican, près de Dol-de-Bretagne, planter des herbes et fabriquer ses tisanes. Depuis le documentaire, les soutiens sont venus en masse, dont Olivier Roellinger, un grand chef de cuisine à Cancale. « Fille de la ville, j'ai découvert la nature en allant cueillir les jonquilles pour fêter le printemps, et les mûres pour faire de la confiture ! », dit cette amoureuse de la terre sur son site.

- **Septième disposition : vous servir de la réalité.**

Les élèves qui apprennent dans un milieu naturel ont de meilleurs résultats, davantage confiance en leurs capacités, envie d'apprendre, et sont beaucoup plus présents en classe, attentifs, calmes. Les maths, par exemple, sont souvent la hantise. Si elles étaient un jeu, beaucoup y joueraient. Comme cette classe de primaire, à Marseille, qui n'arrivait pas à comprendre la géométrie. Jusqu'à ce que leur instituteur les emmène dehors, et se serve de la… pétanque : résultats garantis. Au lieu de réciter des poésies, on devrait apprendre aux élèves à s'exprimer en public, mettre en scène les textes. Au lieu des devoirs, la maison devrait servir à raconter des histoires en famille, parler, calculer les volumes en faisant des crêpes, les poids en préparant des confitures, etc.

- **Huitième disposition : encouragez-vous !**

Applaudissez quand quelqu'un trouve, aidez-vous, montez des ateliers sans compétition. C'est un moyen d'être rassuré, responsable, autonome, adaptable. D'avoir le sourire. D'être solidaires, de mutualiser les connaissances, parce qu'on est plus forts à plusieurs. C'est ce qu'on appelle la « culture du projet ». On peut mieux agir. Gagner encore en confiance, parce que vos progrès, si petits soient-ils, sont reconnus, valorisés, ce qui facilite les progressions. L'écriture, par exemple, renvoie très souvent aux blessures d'école, alors que, quand on laisse les plumes s'exprimer, les mots viennent. Dans ce cas, travailler en groupe est excellent. La motivation, un autre pilier, augmente. On observe davantage, on se pose, et on pose des questions. Je le constate à chaque atelier.

- **Neuvième disposition : s'organiser.**

Apprendre, c'est aussi utiliser les espaces où l'on se sent bien, le mieux : le banc du jardin, l'escalier, le hamac, la table basse du salon où s'installent mes enfants, mon lit pour lire. Multipliez les sources (cours du soir, ou par correspondance, conférences, numérique pour chercher, trouver des perles, s'éditer soi-même). Faites une pause entre chaque notion apprise, détendez-vous.

> “ *Vous voyez, apprendre est une chance permanente. Être toujours en mouvement, proposer, projeter, se projeter. Le jour où j'ai compris tout ça, j'ai arrêté de me « prendre la tête ».* ”

Chapitre 7

Arrêter de se « prendre la tête »

There is no failure except in no longer trying.
(« Il n'y a pas d'échec, sauf à ne plus essayer »).

Elbert HUBBARD (1856-1915).

C'est au fort de Vincennes. À 21 ans, je dois faire mes « trois jours », cette période qui décidait si on était bon, ou non, pour le service militaire. La veille, alors que je ne bois pas une goutte d'alcool, j'ai ingurgité un litre de vin ultra-raide, plus proche du détergent que du grand cru classé. Certain qu'avec cette tête de poivrot et une mine de déterré l'armée ne voudrait pas de moi. Faire un an avec un fusil à la main, à crapahuter sur les routes, alors que je travaille à l'hôpital, que j'ai un appart, des copains, que je fais beaucoup de théâtre ? Non merci. Mais je me réveille comme une fleur, avec une mine de bébé. Mince ! D'un coup de moto, j'arrive à la caserne. Là, une foule de jeunes, de tous les milieux. Après un film de présentation sur les bienfaits d'être soldat, viennent les tests écrits, dont celui du morse, système de transmission en bip-bip abandonné aujourd'hui. Je réponds aux trois premières questions, ensuite c'est le désastre, les bips vont de plus en plus vite. Il y a d'autres questionnaires que je remplis en fonction de mon objectif : passer devant le psychiatre, et me faire exempter. Pendant que je gratte, je vois que mon voisin regarde mes feuilles. Je comprends alors qu'il ne sait presque ni lire ni écrire. Comme j'ai été bien élevé, et qu'il a l'air sympa, je l'aide, avec quand même cet arrière-goût du petit-bourgeois, de la classe moyenne, qui a pitié pour cet illettré (qui ne maîtrise ni l'écriture ni la lecture), ou analphabète (qui ne sait ni écrire, ni lire). Quand arrive le choix d'une spécialité, toujours décidé à tout faire pour échapper au service, je prends « bâtiment ». Parce que, dans mon esprit rétréci par les préjugés, je pense que c'est le plus bas de l'échelle et que je passerai plus facilement pour un cas pathologique. Seulement, en découvrant le questionnaire, je n'ai pas envie de passer pour un nul. Comment répondre alors que je n'y connais rien ? C'est là qu'intervient mon voisin… Il a vu que j'étais embêté, et me souffle les réponses. Parce qu'il est maçon. Le lendemain matin, je suis « exempté », donne ma ration de cigarettes au soldat du vestiaire. Je repars de la caserne, soulagé, et assez perturbé par cette rencontre. Car ce jour-là, cet inconnu, que je n'ai jamais revu, m'a donné une leçon sans le savoir. Merci un millier de fois. Pourquoi ? C'est assez simple.

Si, comme pour beaucoup, l'éducation porte des valeurs, on les applique plus ou moins en grandissant. Dans ce cas, il s'agissait de juger un inconnu. De quel droit ? Imaginez l'inverse. C'est l'histoire « de la paille et de la poutre », bien inscrite dans les mentalités. Vous savez de qui est cette expression ? De Jésus. Même si je ne suis pas chrétien, ni baptisé, cette vérité est claire. Elle est universelle, humaniste et valable depuis la nuit des temps. Quoi qu'il en soit, c'est à partir de ces trois jours que j'ai saisi, comme beaucoup heureusement, que je faisais partie d'une « humanité », l'importance du chemin qui m'attendait, qui passait nécessairement par des étapes, d'autres prises de conscience, une fidélité à des convictions, des évolutions. Un parcours de vie, tout bêtement, avec une petite lumière scintillant tout le long du chemin. Puisque « la vie est une machine extraordinaire à faire du neuf ».

C'EST MERVEILLEUX !

« Ce n'est pas le verbe "être" qui est important, mais le verbe "devenir". On n'est pas un homme à un instant donné, on l'est devenu. [...] Ce qui a été le plus décisif, ce sont les rencontres avec les autres. [...] Un être humain, c'est quelqu'un qui est intégré dans l'Humanité. [...] L'Humanité, nous la construisons ensemble. Chaque homme est responsable de la totalité. C'est pourquoi je pense faire mon métier d'humain en écrivant des livres, en donnant des conférences qui font réfléchir. Et aussi en m'investissant dans des mouvements comme celui des sans-papiers. Je suis devenu ce que je suis par l'Humanité. Et l'Humanité peut évoluer par moi. [...] Eh bien, l'Humanité est en train de vivre son aurore. C'est merveilleux. »

Dominique LEGLU, Albert JACQUARD : « La vie est une machine extraordinaire à faire du neuf », *Sciences et Avenir*, 12 septembre 2014. Reprise d'un entretien publié dans la revue en 2011, intitulé « L'Humanité est en train de vivre son aurore ».

Faire du neuf avec du neuf

Cette phrase est d'Albert Jacquard. Oui, encore. Ce ne sont pas que des mots. Chaque humain, quelle que soit sa place, est un acteur de l'humanité qui l'entoure, dont il fait partie. C'est ce que j'ai compris au fort de Vincennes, qui ne m'a jamais lâché, peu importe le prix, parfois élevé, à régler ou à recevoir. L'ensemble des observations, des expériences, des réflexions, des vécus permettent ainsi de parfumer, d'épicer la vic avec un ingrédient succulent : la modernité. Qui veut avancer loin ne renonce pas, et reste « ouvert », disponible au mouvement, aux nouveautés, aux inventions. À chaque étape, à chaque changement, on peut se dire que l'on est arrivé au bout d'une route. Eh non, une autre s'ouvre, et une autre, qui ajoutent au sel de la vie. Quel que soit l'âge. C'est comme la langue, elle évolue sans cesse, puisque c'est un organisme vivant. Des mots en sortent, des mots y entrent, on crée des néologismes, des nouveaux mots, et c'est génial, vital. La modernité n'est donc pas acheter le dernier ordi à la mode. C'est être « là », présent(e), tout le temps.

Voici comment une vie peut changer, et être délicieusement salée, moderne. En 2001, la Française Corine Sombrun, 40 ans, part pour la Mongolie, afin d'effectuer un reportage sur le chamanisme commandé par le BBC World Service anglais. Dans le monde entier, les chamans ont pour rôle de communiquer avec les forces invisibles de la nature. Ils peuvent s'aider, comme ici, d'un tambour, afin d'entrer en « transe ». Dès qu'elle entend celui de Balgir, elle entre aussi en transe, et ce chaman lui annonce la nouvelle : « Tu es une chamane. » Initiée pendant huit ans, à raison de plusieurs mois par an, elle devient une *udgan*, une chamane mongole, et raconte ses expériences et ses rencontres dans plusieurs livres.

Notre histoire personnelle n'est donc pas un éternel recommencement. Il y a toujours du nouveau. Ce qui ne signifie pas qu'on rejette, qu'on renie ses racines, d'où l'on vient, d'où vient notre famille. Je suis fier de mes parents, de mes grands-parents. Ce qui n'est pas une raison pour céder à la nostalgie, c'est-à-dire quand on se retourne sur un passé, un état, une période, et que la mélancolie vous prend, finit par vous paralyser. Car pour être moderne, il est capital de sortir, de bouger, d'être mobile. Inutile de rester chez soi, génie incompris, en attendant que les autres viennent vous chercher. Il y a mille choses à faire : ranger, courir, cuisiner, chanter, sculpter, etc. Ou faire de la musique : Française et d'origine algérienne, Zahia Ziouani a donné vie à son rêve, tout en restant fidèle à ses racines. Née en 1978, elle grandit en Seine-Saint-Denis, le « 9-3 ». À 8 ans, elle découvre la musique classique grâce à ses parents et au conservatoire de Pantin, accumule les prix, rencontre le chef (une merveille) Sergiu Celibidache qui la forme, se perfectionne à la Sorbonne, fonde en 1997 son propre orchestre, Divertimento, qu'elle dirige toujours, tout en faisant beaucoup d'autres choses. Sa sœur jumelle, Fettouma, violoncelliste, y est soliste. Cheffe d'orchestre reconnue, Zahia se bat contre les préjugés entourant le 9-3 et les jeunes, pour que les enfants des « quartiers » aient accès à la musique, et que la musique soit accessible aux habitants.

Alors ? Zahia et Fettouma, Corinne, Lucien, Ginette, Pierre, Gustave, Anna, Victor, Françoise, Amédée, etc. : ils ne sont pas dans l'impossibilité. Ils se sont dit, et se disent, que tout, ou presque, est possible !

MAÎTRE DE SA VIE

« Je veux dire notamment aux jeunes que tout le monde peut être maître de sa vie. Il suffit d'avoir de l'ambition et de travailler car, dans la vie, on n'obtient rien sans travail ! La musique, c'est comme le sport : si on est déterminé, on y arrive. À ce moment-là, on ne voit plus aucune différence sociale, culturelle, etc. Il faut que les jeunes sortent de l'image négative qu'ils ont d'eux-mêmes et dans laquelle on veut les enfermer. »

Zahia Ziouani. Propos recueillis par Mérième Alaoui, « Zahia Ziouani, chef d'orchestre à 32 ans : "Mixité, respect de l'autre : la musique transmet des valeurs fondamentales" », *SaphirNews*, 21 février 2011. Article paru d'abord dans le mensuel *Salamnews*, n° 22, décembre 2010.

La possibilité : une plante à cultiver

« *Je vais vous raconter une histoire.* » Je le dis souvent aux étudiants. Et je pars dans un développement. À chaque fois, nous allons explorer des mondes, souvent en riant, en apprenant les uns des autres, en mettant nos convictions de côté afin d'être objectif, de prendre de la hauteur, ce qui ne signifie pas être hautain. Quand nous réfléchissons sur la montée des nationalismes en Europe, par exemple, je ne prends pas parti, même si j'ai mon avis, notamment sur l'extrême dangerosité de certains mouvements européens. Je les laisse réfléchir sur l'origine et la portée de ces formations politiques, découvrir, travailler en groupe. Et chercher, en évitant les raccourcis des chaînes d'infos en continu et de certains journaux télévisés. Quand des gens veulent nous faire croire, par exemple, que Charles Martel est le sauveur de la France de 732, c'est une aberration. Je vous laisse trouver. Tout comme il est capital de comprendre pourquoi des jeunes ont assassiné en France en janvier et en novembre 2015, à Bruxelles en 2016 et ailleurs...

Les rencontres, les vraies, permettent aussi de comprendre : avec des étudiants, nous avons visité un jour le CAPC, le Centre d'art contemporain de Bordeaux, et avec d'autres, nous avons visité la synagogue, la mosquée et une grande église de la ville – je salue au passage Jean Potin, mon ami regretté, qui m'a formé au christianisme et à la Bible. À chaque fois, les yeux se sont ouverts, les préjugés sont tombés. Autre exemple, mon ami Jean-Pierre, restaurateur de Bordeaux, a fondé son restaurant en 1968. Issu d'un milieu très simple, il s'est forgé sa culture, son goût pour l'art, le design, les livres, par ses rencontres, ses marches à pied, ses lectures, sa curiosité incessante, son envie d'être mobile, de bouger. C'est lui qui m'a fait découvrir la ville de l'intérieur, qui m'en a dévoilé les secrets, l'humanité, pendant de grandes balades, dont nous avons fait un beau livre. Un de nos amis, Éric, un grand pianiste et un grand communicant, personnage également forgé par la vie, a raconté dans un bouquin l'histoire de Jean-Pierre, et on découvre ce parcours étonnant, fait de tâtonnements, de découvertes, qui ont fait la réussite de ses entreprises d'une grande exigence, qui demandent à se renouveler sans cesse. « *J'ai depuis toujours une grande curiosité des choses et des personnes. Une grande soif de connaître et d'apprendre. C'est mon moteur* », confie-t-il. Parfois, et comme tout le monde, il n'accordait pas forcément d'importance à une trouvaille qui, finalement, était importante. C'est le principe de la « sérendipité » : si quelque chose, ce qu'on apprend, ou qu'une idée semble inutile sur le moment, elle peut servir plus tard. L'exemple le plus connu est celui d'Alexander Fleming qui découvrit en 1928 la pénicilline, le premier antibiotique. Et quand j'écris un livre, certaines notions, réflexions, notes, ne sont pas forcément utiles quand elles surgissent ; je les laisse mûrir, jusqu'à ce qu'elles trouvent ou non leur place dans le projet. Ce qui montre qu'il est vital d'essayer, de noter. Comme Olivier, un colosse, ancien rugbyman de haut niveau, qui, par son trajet, ses choix, son ouverture, l'amour de son métier, est devenu, par l'expérience et la curiosité, un « faiseur de vins » aussi atypique que reconnu. Aucun de ces trois amis n'était « scolaire », mais ils ont en commun d'avoir inventé, d'inventer encore.

“ Ça ne marche pas toujours. Et alors ? Ce ne sont pas des échecs, ce sont des avancées, qui vous guident vers la solution. Cultiver la possibilité, c'est donc voyager, parfois en faisant confiance au hasard, à ce qu'on n'a pas prévu, même à ce qu'on ne cherchait pas. ”

Des priorités

Tous ces témoins ont d'autres moteurs : s'autoriser à penser « autrement », à faire autrement. Ils se sont construits avec des convictions, se sont fixé des objectifs, et s'en fixent. Ils ont cultivé leur originalité, de la cuisine au vin, de la musique à la mécanique, peu importe. C'est la liberté du choix, de s'y tenir, d'être guidé(e).

• **Un. Ils ont en commun de ne pas oublier leurs racines, d'où ils viennent.**
N'oubliez pas les vôtres, soyez-en fier(e) aussi. Elles vous le rendront.

• **Deux. Quelles sont mes vraies priorités ?**
Si c'est tout faire comme les autres, entrer dans des statistiques, quel intérêt ? Le Romain Sénèque l'a écrit... il y a

mille ans ! « *Il faut donc d'abord déterminer ce que nous cherchons, ensuite regarder de tous côtés par où nous pouvons y arriver le plus rapidement : c'est en chemin, pourvu que ce soit le bon, que nous saurons combien chaque jour nous aurons gagné, de combien nous nous serons rapprochés de l'objectif vers lequel nous pousse un désir naturel*[1] ».

• **Trois. Garder son cap, faire confiance à l'intuition, sans se laisser aveugler par les paillettes, les artifices, le bruit, ce qui vous égare.**
Quand, à 27 ans, j'ai tout laissé, boulot, appartement, pour rejoindre, sans salaire, l'équipe d'une petite revue de poésie et la vie de bohème, je n'ai pas réfléchi davantage. J'ai senti que je devais y aller. Quelles aventures ! Même chose lorsque, pour commencer dans l'édition, j'ai apporté des curriculum vitae directement aux éditeurs. Et ça a payé. Parce qu'il est aussi capital d'oser.

• **Quatre. Être épanoui(e) est un tout, un ensemble.**
Il y a toujours quelqu'un de plus capable, dans tel ou tel domaine. Il faut l'accepter. On peut s'améliorer, faire jouer son intelligence, et les rattraper, même les dépasser. Peu importe alors l'esprit de « compétition » dominant

1. SÉNÈQUE, *La Vie heureuse*, Éditions Mille et Une Nuits, traduction du latin par Élias Regnault, révisée par Jérôme Vérain, 2000.

aujourd'hui, qui désigne comme les meilleurs ceux qui sont conformes à la société actuelle, qui la justifient, la reproduisent et l'entretiennent. Être compétitif est dans la nature humaine, puisque nous sommes des animaux. Mais on ne peut pas construire en éliminant les uns par les autres, puisque, pour avancer, se renouveler, nous avons besoin d'échanges, de liens, d'avis.

• **Cinq. Respecter ses convictions, être fidèle à sa morale (ou son éthique, c'est pareil).**
En 1951, Julien Gracq le fait en refusant le prix Goncourt que cette académie lui a décerné le 3 décembre pour son livre *Le Rivage des Syrtes*. Le musicien Jordi Savall le fait le 30 octobre 2014 en refusant le Prix national de musique, parce qu'il est en désaccord avec la politique culturelle du gouvernement espagnol alors que beaucoup dans son pays sont dans la précarité et dans de grandes difficultés. De nombreuses personnes vont ainsi au bout de leurs convictions.

• **Six. Se tenir informé. On ne peut pas attendre que les autres nous nourrissent sans faire le moindre effort.**
C'est pourquoi il est important de se tenir au courant, avec les mobiles, les ordis, les journaux, etc. Apprendre et comprendre, c'est vérifier.

• **Sept. Résister. Non pour refuser à tout prix, mais pour bâtir, prendre les rennes.**
Ne pas céder, ne pas renoncer, être ces petits grains de sable qui s'associent. Contre le sentiment d'impuissance, l'impossibilité, la résignation. Résister, c'est faire reconnaître sa valeur, son parcours et ses compétences, par exemple en suivant une validation des acquis de l'expérience, ou VAE, un moyen, pour l'autodidacte, d'avoir un diplôme, un titre ou une qualification professionnelle. Une histoire de résistance m'a beaucoup réjoui. Entre 2010 et 2014, en Islande, la capitale Reykjavík a eu pour maire Jón Gnarr, un ancien comédien qui a vraiment bien géré la ville de 180 000 habitants. Après lui, la capitale était en pleine forme financière et sociale. Pendant les conseils municipaux, son équipe d'artistes « anarcho-surréalistes », des vedettes du rock, en majorité d'anciens punks, côtoyaient les purs produits de la politique islandaise. Des personnes admirables, partout dans le monde, montrent que cette résistance, collective et/ou individuelle, est gagnante.

• **Huit. Prendre le temps parce que la vitesse n'est pas forcément une valeur.**
Demandez à Aung San Suu Kyi, prix Nobel de la paix en 1991, qui a fait plier la dictature birmane. Et le temps, c'est le bien précieux par excellence, contre le rythme délirant, la course à la performance, l'urgence, la pression du résultat.

Il faut décider en un temps record, tout faire, tout vivre, et on ne vit finalement presque rien. Dans la scolarité, c'est pareil. On demande aux élèves des performances alors qu'on ne leur donne pas ce moyen tout simple de les atteindre : trente-deux semaines pour tout caser, autant pour les profs. J'ai calculé. Un rythme d'enfer ! Pour les profs aussi. Au contraire, ce qui compte est la manière dont on remplit le temps. Oui, on peut passer une heure sur un canapé, relax, sans presque bouger, juste pour se détendre, se rendre disponible pour ce qui se passera, et finalement, gagner du temps. Essayez, vous verrez. Quand on sent une tension, une urgence, une contrariété qui empêchent d'avancer, rien ne sert de s'entêter et de stresser. Il faut des pauses. Les animaux en font. Marcher sans rechercher de performance, penser à une mer immense, l'infini du ciel, son plat préféré, quelque chose d'apaisant, qui entre en soi, respirer à fond, et la tension s'en va. Ah, que c'est bon de ralentir !

C'est pareil avec le silence. Ah le silence ! Juste écouter la mouche qui passe, sentir l'attention et la concentration qui montent. Je me demande encore pourquoi, dans certains lieux publics, comme des restaurants, on doit se farcir (c'est le mot), une sono proche de l'insupportable. Il y a assez de bruit comme ça dehors. Là aussi, il n'est pas utile de vouloir le remplir absolument. Le silence est un allié qui permet d'être attentif, de se concentrer, une plus belle proximité aux choses et aux êtres : un(e) ami(e) qui ne répond pas dans la minute ou les vingt-quatre heures à votre message, ça ne signifie pas qu'elle ou il vous a abandonné(e). Ça peut être aussi son besoin d'être tranquille, de réfléchir, etc.

- **Neuf. Choisir son camp.**

Avoir une idée originale, un projet structuré et précis, privilégier les petites et moyennes entreprises, les sociétés plus familiales, pour y apporter du sang neuf, et faire bouger les lignes. Le numérique bouleverse ainsi l'organisation du travail. En espaces ouverts, « collaboratifs », en « co-working », les décisions, les inventions sont transmises plus vite, les entreprises collaborent avec des structures extérieures plus souples, plus rapides, et du monde entier. Les robots et les automates arrivent, de même que de nouveaux systèmes de transactions comme la *blockchain*. Les jeunes qui viennent, ou qui vont venir sur le marché du travail, se méfient des entreprises traditionnelles, trop rigides, pas assez créatives, source de stress, d'égoïsme. Face aux babyboomers, qui ne comprennent pas toujours leur manière de fonctionner, ils veulent être plus libres. De grosses entreprises ont déjà réagi, en créant des relations intergénérationnelles.

“ *Voilà, résumé, le délicieux cocktail qui donne envie de se lever motivé, tous les matins, et de rêver. Je n'ai jamais cessé de rêver, je n'arrête pas. C'est une des raisons pour lesquelles je me sens bien...* ”

Chapitre 8

L'art d'être bien

« Impose ta chance, serre ton bonheur et va vers ton risque. À te regarder, ils s'habitueront. »

René CHAR, « Rougeur des matinaux »,
in *Les Matinaux*, Gallimard, 1950.

C'est en Lozère, pour les vacances de Noël, un pays magnifique, mystérieux, fascinant. Une amie de ma sœur aînée m'a conseillé de lire les *Lettres à un jeune poète*, de Rainer Maria Rilke. Dans ce petit livre succulent, Rilke donne ses impressions (1903-1908) à Franz Xaver Kappus qui veut devenir poète et qui, après une petite carrière dans l'armée, choisira l'écriture. Une merveille de style simple, ample, généreux. À 20 ans, je n'ai pas tout à fait conscience de sa valeur. Me prenant pour le romantique fatigué par les amours et le monde impitoyables, je marche dans cette campagne de Lozère, le nez en l'air, dans le froid sec, écoutant les oiseaux et les nuages (si, si !), le livre à la main, sans être vraiment sûr de saisir ce que je lis. Je ne dis pas « comprendre », je dis saisir. Et puis je tombe sur ce passage de Rilke, concernant le choix d'être poète :

> “ *Personne ne peut vous apporter conseil ou aide, personne. Il n'est qu'un seul chemin. Entrez en vous-même, cherchez le besoin qui vous fait*

> *écrire : examinez s'il pousse ses racines au plus profond de votre cœur. Confessez-vous à vous-même : mourriez-vous s'il vous était défendu d'écrire ? [...] Si cette réponse est affirmative, si vous pouvez faire front à une aussi grave question par un fort et simple : "Je dois", alors construisez votre vie selon cette nécessité.* »
>
> Rainer Maria RILKE.

Et là, bang, la révélation ! Il y a des choses, comme ça, qui vous fondent. Ça peut être un livre, une chanson, un plat de cuisine, quelqu'un, une voiture, un spectacle, etc. Comme d'autres, je me sentais appelé depuis longtemps. Bien sûr, cet appel était informe, mais je savais que je complèterais ce que je savais déjà, plutôt du genre éparpillé. Que je répondrais à ce « je dois », en faisant confiance à mon intuition, qui serait, comme toujours, le moteur de mes choix. J'ai compris ce jour-là que la connaissance serait le guide. Toutes ces années de disette scolaire, ce grand élan que je sentais poindre au fond de ma petite carcasse, prenaient tout leur sens. Savoir ! Par moi-même, en autodidacte, et avec les rencontres, les indicateurs. Mais sans le garder pour moi. Tous les chemins que j'ai pris ensuite sont allés dans cette direction : être au service des autres. Faire du théâtre, laborantiner, la revue de poésie et l'organisation d'expositions, même chauffeur de maître pour survivre : tout s'est enchaîné logiquement, jusqu'à l'édition il y a vingt-cinq ans, et l'enseignement. De quoi être « bien ». Car l'essentiel est que chacun(e) trouve sa « voie », et sa voix par la même occasion.

Ça râle et ça bouge !

Trouver sa voie quand on veut la tracer pour vous, ce n'est pas une mince affaire. Mais quelle belle aventure ! Bien sûr, l'envie de se rebeller est compréhensible. Je continue à m'indigner, contre l'injustice pour commencer, toute forme de harcèlement, de violence, et j'en passe. Seulement, ce sentiment est beaucoup plus constructif et efficace quand il est servi par la culture. Il évite la force brutale. Ce sont l'instruction, la culture, les mentalités qui changent les sociétés, pas les lois. Comme cette histoire de parité, insultante envers les femmes, alors que l'égalité entre filles et garçons devrait être naturelle, transmise dans les familles, les pratiques, dès la naissance, la maternelle. Pendant ce temps, les mentalités évoluent très peu : 90 % des tâches domestiques sont encore assurées par les femmes. Il suffit d'entendre les réflexions sexistes de personnalités politiques, ou les commentaires sur une femme compétente, précisant, même dans les médias, qu'elle est jolie et intelligente. Sans oublier la fameuse « ménagère de moins de 50 ans », la cible chouchou du commerce, qui est devenue la « femme responsable principale des achats du foyer ». Vous savez quoi ? Jamais personne n'a repassé mes affaires !

Doit-on baisser les bras ? Certainement pas. Les lever plus haut encore. Parce que ça bouge. Les tendances sont clairement aux solutions en dehors des systèmes étatique et politique. À l'image d'une foule d'initiatives de partage, du succès du documentaire *Demain*, de Cyril Dion et Mélanie Laurent (2015), qui explique sur son site : *« Et si montrer des solutions, raconter une histoire qui fait du bien, était la meilleure façon de résoudre les crises écologiques, économiques et sociales, que traversent nos pays ? »* Et les optimistes sont nombreux, actifs, en dehors de tout parti. Ils y croient, avancent. Certains disent même qu'ils sont heureux de vivre en France[1].

Prenons l'école, et les jeunes dont le retard scolaire sera très difficile à rattraper. Des associations s'en occupent, comme La Main à la pâte qui, créée par trois scientifiques, dont Georges Charpak, prix Nobel de physique 1992, *« a pour mission de contribuer à améliorer la qualité de l'ensei-*

1. Yves DELOISON, *Heureux comme un Français en France. Pour en finir avec les râleurs, les dénigreurs, les pessimistes et les déclinistes,* L'Express-Presses de la Cité, 2016.

gnement de la science et de la technologie à l'école primaire et au collège, école du socle commun où se joue l'égalité des chances ». Comme le dit le linguiste Alain Bentolila, nous n'avons pas le droit de démissionner, de condamner les élèves dès le CP, de laisser le collège les achever. En effet, il est capital que tout le monde puisse lire, écrire, échanger, exprimer, raisonner, parler bien et précis, même en disant des gros mots, parfois horribles. Le langage a toujours été un moyen de se rapprocher, de se comprendre, de briser les barrières. Ça s'appelle collaborer. Des établissements s'y mettent : à Champagne-au-Mont-d'Or, dans la métropole de Lyon, le collège Jean-Philippe-Rameau est le premier collège à créer un « *learning lab* », c'est-à-dire des espaces numériques, où des tableaux, des écrans tactiles ou des tablettes, permettent aux élèves de collaborer, d'essayer, de créer, de circuler librement. Autre cas, à Bordeaux, le collège Clisthène. Créé en 2001, soutenu par des personnalités comme Edgar Morin et Georges Charpak, le sociologue François Dubet, le projet a été validé l'année suivante par le ministère et le rectorat. Il obtient de bons résultats en mélangeant les classes sociales et les niveaux de scolarité. Il porte d'ailleurs le nom de cet Athénien qui fut un acteur important dans la naissance de la démocratie, au VIe siècle avant notre ère. Autre création bordelaise, l'académie You Nus, fondée en 2012, aide les jeunes des quartiers prioritaires de Bordeaux, avec l'appui, notamment, de basketteurs de l'équipe de France, dont Boris Diaw qui, au passage, a suivi la même école Freinet que mes enfants – renseignez-vous sur la pédagogie Freinet, vous verrez. Sur la petite vidéo de présentation apparaissent ces mots : transmettre, s'écouter, s'amuser, partager, apprendre, soutenir, se comprendre, préparer son avenir, accompagner, respecter, réussir sa scolarité. Dans une des écoles où j'enseigne, un des étudiants a été intégré en collaboration avec YouNus. Il est toujours à l'heure, habillé impeccablement, malgré ses petits moyens. Au fur et à mesure des rencontres (parce que je n'aime pas beaucoup le mot « cours »), ses yeux se sont ouverts, tout grands, il s'est mêlé aux autres, la mixité fonctionne là aussi. Il a commencé à s'exprimer, à donner des points de vue. Une grande aventure humaine. En plus, il est très drôle. C'est émouvant...

Toutes ces initiatives, et les autres, sont nées d'individus qui ont un objectif commun : être bien, que tout le monde soit « bien ».

Je suis bien parce que je suis optimiste

Contrairement à ce qu'on nous raconte, être bien n'est pas une affaire matérielle, même si l'argent et le beau ont évidemment de l'importance. Ce n'est pas parce que vous portez des marques ou le sac machin, partagés d'ailleurs par une foule de gens, que c'est épanouissant. Pour le coup, c'est un marquage, qui n'a rien à faire avec le fait d'être bien habillé(e), ou d'avoir une maison stylée. D'accord, je ne suis pas riche, je ne peux pas partir skier tous les ans, louer l'été une belle maison pour que mes adorables chérubins invitent des copains autour de la piscine, en sirotant des boissons accompagnées de pâte à tartiner. Et alors ? Être bien, c'est tout simplement s'adapter, se fondre dans le décor, et en tirer parti ; vivre au lieu d'être ballotté, de croire tout maîtriser, d'être « sûr de », dans le toujours plus et la démesure. Sans se priver pour autant. Pour ça, c'est un peu comme un projet d'architecte. Disons que chacun est une maison, avec ses fondations, sur lesquelles tout repose. Et pour faire une étude, un diagnostic, un plan, le mieux est d'abord de dresser un bilan objectif. Comment se porte ma maison ou le terrain sur lequel je vais la construire ? Qu'est-ce qui va et qu'est-ce qui va moins bien ? Petite confidence : je fais toujours ces petites listes, périodiquement. Bien entendu, un choix personnel est parfois délicat, demande de la volonté, une confiance, il peut faire peur aussi. C'est alors comme le travail, un sport, une recette de cuisine, un livre à écrire, des études : si on s'occupe d'abord du plus difficile, la suite, et surtout la fin, réservent le meilleur !

• **Petit 1. Il n'existe pas de recette miracle du bien-être.** C'est l'affaire de chacun. Personne ne peut donc donner de réponses individuelles toutes satisfaisantes. On aura beau vous raconter ce qu'on veut, la voie que l'on prend est la « nôtre ». Et toutes les filières professionnelles peuvent être nobles à condition de les avoir choisies. À partir de 16 ans, par exemple, des jeunes montent des entreprises, liées la plupart du temps au numérique.

• **Petit 2. Si on a parfois envie d'être seul, tranquille, pour diverses raisons, très peu de personnes vivent dans une totale solitude.**
On ne peut pas être bien seul dans son coin, en ignorant ce que vivent les autres, les proches comme les populations, les régions, les pays, le monde. Pour nous épanouir, être reconnu(e), nous avons besoin d'eux, ils ont besoin de nous. C'est-à-dire de les regarder vraiment, pas seulement de les voir ; de les écouter vraiment, pas seulement de les entendre. Donc de tisser des liens.

SOYEZ BIEN ENTOURÉ(E)

En novembre 2015, dans une conférence TEDx, à Brookline, Massachusetts, le psychiatre et professeur en psychiatrie Robert Waldinger, directeur du Study of Adult Development, à Harvard, pose cette question : « Qu'est-ce qui nous garde en bonne santé et heureux tout le long de notre vie ? » Puis il raconte la plus longue étude jamais réalisée sur le bonheur. Depuis 1938, 724 hommes issus de milieux différents, du plus riche au plus pauvre, ont été suivis année par année, pour connaître leur santé, leur travail, leur famille – une soixantaine sont encore vivants. « Il y a environ dix ans, quand on a finalement demandé à leurs femmes si elles voudraient prendre part à l'étude, beaucoup de ces femmes ont répondu : "Il était temps." » En effet ! Que ressort-il de cette étude ? Certains sont montés dans l'échelle sociale, d'autres ont fait l'inverse, l'un d'eux est devenu président des États-Unis. En fait, la leçon à tirer n'est pas la richesse, la célébrité, le travail. Ce qui nous rend plus heureux et en meilleure santé, qui nous fait vivre le plus longtemps, ce sont les « bonnes relations », les « connexions sociales », alors que la solitude produit l'inverse, et que l'on peut être seul à l'intérieur d'un couple. Car le nombre de relations, d'« amis », est beaucoup moins déterminant que la qualité de ces relations, tout au long de la vie, et même si on remplace des amis par d'autres amis. En plus, cette qualité est très bénéfique pour le cerveau et la mémoire. « À quoi ça peut ressembler finalement de favoriser les relations durables ? Eh bien, les possibilités sont pratiquement sans fin. Ça peut être quelque chose d'aussi simple que de remplacer le temps passé devant les écrans par des rencontres ou de raviver une vieille relation en faisant quelque chose de nouveau ensemble, de longues promenades ou des soirées, ou de rappeler ce membre de votre famille à qui vous n'avez pas parlé depuis des années, parce

> que toutes ces querelles familiales trop communes laissent une empreinte terrible sur les personnes qui s'en veulent. »
> Avec son équipe, Robert Waldinger, quatrième directeur de l'étude, prêtre zen – forme de bouddhisme japonais, s'occupe maintenant des quelque 2 000 descendants de ces hommes : j'ai hâte d'être dans soixante-quinze ans !

• Petit 3. Ce regard sur les autres, sur ce qu'ils vivent, qui peut être triste ou heureux, permet d'avoir un minimum de recul.

Je vous jure que, chaque fois que je prends une douche et que je me couche dans mon lit, je me dis que d'autres n'ont pas cette chance. Ça maintient ma vigilance. À l'inverse, des gens touchés par des drames personnels regardent ensuite le monde autrement. Même brillants, riches et célèbres. Le 1er mai 2015, Sheryl Sandberg, numéro deux de Facebook, perd brusquement son mari, Dave Goldberg. Luttant pour l'égalité hommes/femmes, elle a déjà publié en mars 2015 un hommage aimant à cet homme qui lui a permis de mener sa carrière. Le 3 juin, donc après ce drame, elle publie un autre texte, très émouvant, dans lequel elle avoue passer de la noirceur, qui ne durera pas toujours, à la vie. Elle souhaite partager cette expérience, *« dans l'espoir qu'il y ait un sens à cette tragédie »*. Ce qu'elle a appris ? À mieux s'adresser à des personnes dans le besoin, à demander de l'aide, et la gratitude envers ceux qui lui ont témoigné leur sympathie, ou quand elle regarde ses enfants et se réjouit qu'ils soient vivants, et qu'elle savoure chaque câlin. « *Je ne prends plus chaque jour pour acquis.* »

• **Petit 4. Grâce à ce recul, on peut donc relativiser beaucoup de choses.**

Sur Internet, vous pouvez découvrir deux histoires exemplaires à ce sujet. Celle de Philippe Croizon, ce Français né en 1968 qui, après un grave accident, a perdu ses deux bras et ses deux jambes. Grâce à une prise de conscience, et à force de courage, il a traversé la Manche à la nage, entre autres exploits. Et celle de Nick Vujicic, cet Australien né en 1982, qui n'a pas de membres. Ils rejoignent tous ces inconnus qui vous scotchent littéralement, et vous donnent des leçons de vie. Qui vous apprennent aussi à mieux comprendre pourquoi et comment on peut s'en sortir, devenir une « élite ». Ou faire face à l'imprévu, comme Corine Sombrun. Comment une Française, vivant à des milliers de kilomètres, de culture occidentale, peut-elle être chamane en Mongolie ? Mystère... Et c'est bien le mystère. On ne peut pas tout expliquer, heureusement, et savoir que l'on peut être dépassé par des phénomènes est très rassurant. L'homme n'est pas tout-puissant !

• Petit 5. Pour se tourner ainsi vers les autres, et pour qu'ils se tournent vers nous, il n'y a rien de mieux que l'altruisme.

C'est-à-dire notre capacité, dès la naissance, à la bienveillance, c'est-à-dire faire le bien et le bonheur autour de nous. Essayer de se mettre à la place de l'autre, de ressentir ce qu'elle ou il ressent, sa situation. C'est le sens du mot « empathie ». Pas pour se donner bonne conscience, pour avoir conscience. En sommes-nous tous capables ? Oui, tout à fait, et dès tout petits. C'est même inné, ce qu'ont démontré les chercheurs ces dernières années. Passionnant. Et plus on se connaît, plus on développe l'empathie. À tel point que pour l'auteur étasunien Jeremy Rifkin, qui réfléchit depuis longtemps aux évolutions et projette ses réflexions dans le temps, l'empathie a progressé et devra s'imposer partout si nous voulons sauver la planète. Et qui sont les principaux acteurs de ce changement ? Les 15-30 ans ! Déjà parce que, en une seconde, on peut, par les réseaux sociaux, avoir de l'empathie pour quelqu'un à l'autre bout du monde, faire circuler l'information, agir également. Les exemples pullulent. On le voit aussi sur le « terrain ». Même à l'école, depuis le primaire jusqu'à l'université : d'après une étude finlandaise, menée de 2006 à 2016, plus les profs sont empathiques, chaleureux, plus les élèves sont motivés, apprennent mieux, ont confiance en eux, se fixent des objectifs. Un documentaire[1] raconte très bien ce que sont l'empathie et l'altruisme. Par exemple comment on est influencé : en 2005, après l'ouragan Katrina qui a ravagé La Nouvelle-Orléans, les actualités du monde entier montrent des scènes de pillage généralisé, alors que ce phénomène est très minoritaire, et que la grande majorité de la population est au contraire calme. En voyant ces images, on peut donc se dire que le monde est violent, égoïste, et devenir fataliste, impuissant, alors que ce n'est pas la vérité. On apprend aussi que dès le plus jeune âge, un enfant aide spontanément, gratuitement : à trois, six mois, un bébé sait faire la différence entre un bon et un mauvais comportement. Si vous m'aidez, je vous aide, d'abord les proches, la famille. Et si les autres le savent, votre réputation augmente, dans le bon sens, avec la confiance. Dans ce documentaire, on voit aussi à Baltimore, dans un quartier très « sensible », les élèves d'une école primaire qui font chaque matin quinze minutes de relaxation, de « préparation mentale », avec les profs. Avec des résultats positifs. Une dizaine d'écoles de la ville a même suivi le mouvement. Car les « neurosciences » ont montré que la méditation, par exemple, peut provoquer des changements dans le cerveau. Qu'il fabrique des milliers de neurones chaque jour, en fonction de ce que l'on vit. On peut donc changer, deve-

1. Sylvie GILMAN et Thierry de LESTRADE, *Vers un monde altruiste ?*, Arte France et Via Découvertes, 2015. Voir aussi le « plaidoyer pour l'altruisme » de Matthieu RICARD, au TEDx Paris, 2013.

nir bienveillant alors qu'on ne l'était pas beaucoup, généreux alors qu'on était égoïste. Ce qui peut expliquer qu'il y ait des conflits, que l'on puisse devenir désagréable, en fonction de ce qu'on traverse, de notre éducation, de nos influences et de nos expériences. Là, la fameuse compétition en prend un sacré coup. Parce qu'on peut évoluer, aller bien et, du coup, faire en sorte que les autres aillent bien.

- **Petit 6. La méditation est en effet un outil fantastique.** Oui, elle est utile, sans pour autant se croire un sage assis sur sa planche à clous. Il existe plein de manières de méditer. Je l'ai « apprise » en faisant du théâtre, et la pratique tout le temps, même pendant cinq secondes. Christophe André, par exemple, médecin et psychiatre, l'utilise pour soigner ses patients. Il a aussi, et surtout, mis au point ce qu'il appelle la « psychologie positive », qu'il explique très simplement dans des livres à succès (tant mieux !). Autant vous dire qu'il est un défenseur total de la bienveillance, de la bonté. Et de la gentillesse qui, pour lui, est un besoin biologique, et dont la parole commence à se libérer. Il faut arrêter avec les clichés. Être gentil n'est pas être c..., naïf, faible, influençable, une petite chose toute fragile qui s'oublie. La gentillesse n'empêche jamais d'être exigeant, de se défendre si on est attaqué, d'être compétitif. C'est un cadeau vivant qu'on partage, qui a besoin de s'exprimer. Mais attention : elle est contagieuse !

Chapitre 9

Passez de bonnes journées

« Même jeune, on ne doit pas hésiter à philosopher. Ni, même au seuil de la vieillesse, se fatiguer de l'exercice philosophique. Il n'est jamais trop tôt, qui que l'on soit, ni trop tard pour l'assainissement de l'âme. »

ÉPICURE, *Lettre à Ménécée*,
dans *Lettre sur le bonheur*,
Mille et Une Nuits, 2000.

C'est bientôt le moment de conclure. Avant, je voudrais vous parler des journées. On peut évidemment être ronchon, se lever du pied gauche, avoir la tête lourde et l'œil vague après une fête. Les êtres vivants ne sont pas des robots. On peut aussi faire en sorte que chaque journée soit bénéfique. Pour se décontracter et, surtout, profiter. Seul et/ou avec les autres. Parce que prendre soin de soi est capital, et permet de mieux s'occuper des autres, en se faisant du bien, en se donnant, chaque jour, au moins quatre plaisirs, même très simples : passer un coup de fil, regarder un film, manger de la confiture, courir, faire un bisou, voir du rugby, etc. Parce que si l'on crée un climat bienveillant, on a plus facilement l'esprit libre, optimiste, et on est plus disponible, en particulier pour résoudre des conflits – ce qu'on appelle la « communication non violente ». D'où le besoin d'avoir autour de soi un entourage amical, bienveillant, et d'éliminer toute relation tirant vers le bas, nocive. Bien sûr, il arrive que supporter ou quitter ces relations toxiques demandent beaucoup de courage.

L'essentiel, dans chaque journée, est donc de trouver du temps pour soi, dont une demi-heure seul(e), tout en acceptant l'inattendu. De faire que ce temps soit varié et bien rempli, en qualité, pas forcément en quantité. De se débarrasser des occupations inutiles ou qui consomment justement trop de temps. Et s'accorder de la souplesse. Car si on ne fait pas tout ce qu'on a prévu, inutile de « culpabiliser ». Sheryl Sandberg, par exemple, grâce à un ami qui lui a conseillé de supprimer le mot « désolée » de son vocabulaire et de se répéter : « Ce n'est pas ma faute », a réalisé qu'elle n'était pas responsable de la mort de son mari chéri, encore moins coupable. D'une manière générale, s'excuser, dire « pardon » ou « désolé(e) » tout le temps, n'est pas de l'humilité, une belle qualité. Il peut y avoir plusieurs causes : peur de déplaire, émotivité, mauvaise image de soi, peur de mal faire, timidité, doute permanent, etc. Du coup, on s'efface, on finit par se persuader que l'on est coupable d'à peu près tout, on paralyse son action. On ne se confronte pas aux autres qui peuvent finir par ne plus croire à ces excuses. On craint de décider, d'avoir de l'initiative. Au fur et à mesure, on se neutralise, on se fragilise, on devient dépendant de la volonté des autres, on s'efface même quand on fait bien, on compromet son avenir aussi. Est-on sûr que l'on a raison de dire pardon à chaque fois ? Au contraire, si on arrête de s'excuser à tout bout de champ, qu'on se dit que l'on n'y est pour rien, qu'on regarde les réactions, l'entourage s'en aperçoit, surtout si on change la manière de s'exprimer. Au lieu de dire : « *Au zut, pardon, désolé(e), je n'ai pas fait ceci ou cela à temps* », dire, avec gentillesse : « *Le travail est en route, et sera terminé très vite.* »

Alors existe-t-il une journée-type du « bien-être » ? Non, évidemment. Chaque jour dépend de nos impératifs (travail, cours, sport, courses, etc.), de nos humeurs, de ce que nous sommes, des circonstances, de l'endroit où l'on vit. On se contentera d'exemples qui peuvent nous inspirer. En 2014, avec l'éditrice, et amie, qui m'a confié ce livre (merci à toi !), on avait déjà réfléchi à un sujet de ce genre, qui sortirait des sentiers battus. À l'époque, j'avais fait une petite enquête dans mon entourage : « Que faites-vous pour vous sentir bien ? » Voici deux réponses. La première est de Pascal, qui a six techniques :

- Un. Ne pas regarder la télévision, ne pas écouter la radio, ne pas lire la presse quotidienne, « *me débarrasser de ces émotions factices qui ne me concernent pas* ».

- Deux. Appliquer la phrase : « *La confiance est une vertu qui donne à l'action sa gaieté* ».

- Trois. Ne pas supposer et rester dans le moment présent.

• **Quatre. Accepter les événements tels qu'ils se présentent.** Ce qui nous rend malheureux, c'est presque toujours la non-acceptation de la réalité même lorsqu'elle est dure.

• **Cinq. Penser à remercier pour ce que l'on est.**
Le malheur permet aussi de découvrir en nous des ressources insoupçonnées si nous prenons la peine de nous y intéresser.

• **Six. Prendre conscience que notre cerveau est créateur de réalité.** Plus nous sommes animés de projets et d'envies, plus elles se réalisent.

Françoise, une chère amie, a répondu : « *Aimer, chanter, nager, sauter dans les vagues à l'océan, marcher pendant des heures dans la forêt, sur la plage, dans les vignes, dans les rues de Paris ou de Venise, danser, lire, peindre, dessiner, cuisiner, jardiner, coudre, rire avec les gens que j'aime, m'occuper et aider les gens que j'aime, faire du bien, être utile, lézarder au soleil, regarder la lune, regarder le ciel, etc., etc., etc. Bref vivre tout simplement. Car je ne fais pas tout cela pour me sentir bien mais seulement parce que j'en ai envie et que j'en ai un absolu besoin vital.* »

Et vous ? Le repas, moment de relâchement, de partage, prendre du temps pour s'émerveiller, bouger son corps, savourer de ne rien faire, penser par soi-même : une journée est courte et à la fois infinie, tellement il y a de possibilités. S'amuser, prendre du plaisir, sourire, rire, avoir envie. Pendant un stage sur les techniques de mémorisation, j'ai demandé aux stagiaires, le matin, de décider quoi faire le soir, et de le raconter le lendemain, sans que je le répète. Le lendemain, donc, je les ai interrogés sur ce qu'elles (il n'y avait que des femmes) avaient fait dans la soirée. L'une d'elles, les yeux brillants, a dit : « *J'ai réservé une soirée de folie à mon mari, je crois qu'on s'en souviendra longtemps !* » Elles ont toutes dit qu'elles continueraient. On avait travaillé aussi le silence, et exploré la mémoire, évidemment. Parce que si vous ne la faites pas travailler, elle ne le fera pas seule. Elle a besoin d'être cultivée, comme une plante. Et chaque, jour, on peut trouver des moyens de la cultiver, par exemple aux feux rouges, en retenant les plaques d'immatriculation. Tout bête, et très efficace.

Mais je bavarde, je bavarde… Finir un livre est toujours une grande émotion. Parce qu'en réalité, il n'est jamais terminé. Parce que nous avons tout le temps rendez-vous avec notre vie. Qu'il est possible d'en prendre le pouvoir si l'on veut réussir et apporter une pierre à l'édifice, quelle que soit sa taille. De se féliciter, se dire qu'on s'aime, ce qui n'est pas de l'égocentrisme ou du narcissisme. Améliorer son monde, c'est alors améliorer le monde. Et rêver est très recommandé.

> “ *L'utopie est le rêve nécessaire et la réalité le défi permanent [...] C'est en définissant le rêve que l'on définit la direction et en définissant la direction on peut réussir le changement*[1]. ”

Alors ne lâchez, n'abandonnez jamais. Je compte sur vous. Et attention, je veille ! Tout près...

1. Daniel COHN-BENDIT : « L'utopie est le rêve nécessaire et la réalité le défi permanent », *Le Monde*, 8 septembre 2015. Propos recueillis par Raphaëlle Bacqué.

Du même auteur

Jésus, l'histoire vraie, de Jean Potin (corédaction), Bayard Éditions, 1994.

La Mémoire efficace, Manitoba / Les Belles Lettres, 1998.

La Bible rendue à l'Histoire, de Jean Potin (coauteur), Bayard Éditions, 2000.

Les Incas, (coauteur), coll. « Les Grandes Aventures », Mila Éditions, 1999.

ABCdaire de la Bible, Flammarion, 2000.

ABCdaire de Jésus, Flammarion, 2000.

ABCdaire du Christianisme, Flammarion, 2000.

ABCdaire de Prévert, Flammarion, 2000.

Jésus, homme ou Fils de Dieu, Hachette, collection Phare, 2000.

Artisans des monastères, Aubanel, 2001.

ABCdaire de la Première Guerre mondiale, Flammarion, 2001.

ABCdaire de la Seconde Guerre mondiale, Flammarion, 2001.

ABCdaire de Rimbaud, Flammarion, 2001.

ABCdaire du Surréalisme, Flammarion, 2001.

Mes carnets d'art de vivre (Geneviève Lethu), *En famille* et *Au bord de l'eau*, Flammarion, 2001.

Les Petits Livres des Saints (*François, Vincent, Marie, Benoît, Anne, Claire*), Flammarion, 2001.

Moïse, coll. « Sur les traces de », Gallimard Jeunesse, 2001.

Les Piments du désir. Histoire et secrets des aphrodisiaques, Aubanel, 2002.

La Cuisine des fromages, textes, Flammarion, 2002.

Les Églises de Paris, Arthaud, 2002.

Le Dictionnaire de Dieu, La Martinière, 2003.

ABCdaire des papes, Flammarion, 2005.

Le Guide de la Vie monastique, Perrin, 2005.

Le Champignon des dieux : l'amanite tue-mouches, Dervy, 2005.

Le Kâma Sûtra, Plume/Martiens, 2006.

Les Héros mythologiques, *Les Rois de France*, *Ces femmes qui ont fait la France*, coll. « Mes p'tits Marabout », Marabout, 2006.

Bordeaux l'héritière, avec Jean-Pierre Xiradakis, Féret, 2006.

Les Religions, Hachette Pratique, 2007.

Les Sirènes et le peuple des eaux, Le Chasse-Marée/Glénat, 2008.

Authentiquement Sud-Ouest. Les meilleures recettes de la Tupiña, avec Jean-Pierre Xiradakis, Milan, 2008.

Dictionnaire des dieux, des saints et des hommes, Archipel, 2008.

Les Monstres marins, Le Chasse-Marée/Glénat, 2009.

L'Herbier des dieux, Dervy, 2009.

L'École, le monde de l'enfance, France Loisirs, 2009.

Les Écoliers du monde, Glénat, 2009.

L'ABC des religions, Marabout/Hachette, 2009.

Les Phares de Méditerranée, Le Chasse-Marée/Glénat, 2009.

L'Aquitaine miraculeuse, Pimientos, 2010.

Mémoire et sagesses de nos campagnes, Glénat, 2011.

Les Mystères de Gironde, De Borée, 2011.

À la table des anges et des démons, La Martinière, 2011.

Le Monde des femmes, Gourcuff Gradenigo/Plume, 2012.

L'Homme moderne. Guide de survie pour l'homme d'aujourd'hui, La Martinière, 2012.

Le Bestiaire des dieux, Dervy, 2013.

Voyages spirituels aux sommets du monde, L'Archipel, 2013.

Dubern, une maison bordelaise depuis 1894, Éditions Confluences, 2013.

Les Mystères des Landes, De Borée, 2014.

Dictionnaire de la foi, Éditions du Patrimoine, Frontispice, Casablanca, 2015.

Table

Département éditorial Art de vie

Réalisation : Nord Compo, à Villeneuve-d'Ascq

Achevé d'imprimer en août 2016
par Normandie Roto Impression S.A.S., à Lonrai
Dépôt légal : septembre 2016
n° d'imprimeur : 1601885

Imprimé en France